Del Pasado al Presente.

"Políticas Públicas en México Durante las Últimas Cuatro Décadas"

JESÚS ADÁN AVILEZ SOTO

Agradecimientos

Quiero expresar mi profundo agradecimiento a todas las personas que han contribuido a la realización de este libro, "Del Pasado al Presente: Políticas Públicas en México Durante las Últimas Cuatro Décadas".

Agradezco incansablemente el apoyo brindado por mis amigos y familiares durante todo el proceso de escritura, así como a todos aquellos que, de una forma u otra, han contribuido a este proyecto.

Finalmente, quiero agradecer a los lectores por su interés en explorar las políticas públicas en México a lo largo de las últimas cuatro décadas. Espero que este libro sea de su agrado y les brinde una visión enriquecedora sobre este tema tan relevante en nuestra sociedad.

¡Gracias!

Introducción

- Contextualización histórica y política de México en las últimas cuatro décadas.
- Justificación de la importancia de analizar las políticas públicas en este período.
- Objetivos del libro y enfoque metodológico.

Capítulo 1: Contexto Político y Económico en México

- Análisis de los principales eventos políticos y económicos que han marcado el país en las últimas cuatro décadas.
- Identificación de las tendencias demográficas y sociales relevantes.
- Evaluación del impacto de la globalización y otros factores externos en las políticas públicas mexicanas.

Capítulo 2: Reformas Estructurales y Cambios Institucionales

- Estudio de las reformas estructurales llevadas a cabo en México en áreas como la educación, energía, telecomunicaciones, entre otras.
- Análisis de los cambios institucionales y legales que han impactado en la formulación y aplicación de políticas públicas.

- Evaluación de los resultados y efectividad de estas reformas en términos de desarrollo económico y social.

Capítulo 3: Avances en Educación y Desarrollo Humano

- Revisión de las políticas y programas implementados para mejorar la calidad y acceso a la educación en México.
- Análisis de los esfuerzos para reducir la brecha educativa y promover el desarrollo humano en diferentes regiones del país.
- Evaluación de los desafíos pendientes en materia de educación y desarrollo humano.

Capítulo 4: Políticas Sociales y Reducción de la Pobreza

- Estudio de los programas de combate a la pobreza implementados en México durante las últimas cuatro décadas.
- Análisis de los programas de transferencias monetarias condicionadas y otras políticas sociales orientadas a la inclusión y protección social.
- Evaluación de los resultados y desafíos en la reducción de la pobreza y la desigualdad.

Capítulo 5: Desarrollo Económico y Competitividad

- Exploración de las políticas económicas orientadas al desarrollo y la competitividad del país.
- Estudio de los esfuerzos para promover la inversión, la innovación y el crecimiento económico sostenible.
- Evaluación de los desafíos en materia de desarrollo regional y equidad económica.

Capítulo 6: Medio Ambiente y Desarrollo Sostenible

- Análisis de las políticas ambientales implementadas en México en respuesta a los desafíos del cambio climático y la degradación ambiental.
- Evaluación de los programas de conservación y uso sostenible de recursos naturales.
- Identificación de los desafíos en la integración de consideraciones ambientales en las políticas públicas.

Capítulo 7: Seguridad y Justicia

- Estudio de las políticas de seguridad y justicia implementadas para hacer frente a la violencia, el crimen organizado y la impunidad.

- Análisis de los programas de prevención del delito, fortalecimiento institucional y acceso a la justicia.
- Evaluación de los desafíos en la construcción de un Estado de derecho sólido y democrático.

Capítulo 8: Perspectivas Futuras y Desafíos Pendientes

- Reflexión sobre los avances logrados y los desafíos pendientes en materia de políticas públicas en México.
- Identificación de tendencias emergentes y áreas prioritarias para la acción futura.
- Propuesta de recomendaciones para fortalecer y mejorar las políticas públicas en el país.

Conclusión

- Síntesis de los principales hallazgos y conclusiones del libro.
- Reflexión sobre la importancia de políticas públicas efectivas para el desarrollo y bienestar de México.
- Llamado a la acción para abordar los desafíos actuales y futuros en el ámbito de las políticas públicas.
-

Apéndice: Casos de Estudio

- Breves estudios de casos que ilustran la implementación y efectividad de diferentes políticas públicas en México durante las últimas cuatro décadas.

Introducción.

Durante las últimas cuatro décadas, México ha experimentado una serie de transformaciones significativas en su panorama político, económico y social. Estos cambios han moldeado el curso del país y han tenido un impacto profundo en la vida de sus habitantes. En este contexto, el análisis de las políticas públicas desempeña un papel crucial para comprender la dirección y el alcance de estas transformaciones, así como para evaluar los avances realizados y los desafíos que aún persisten.

Esta obra, titulada "Avances y Desafíos: políticas públicas en México Durante las Últimas Cuatro Décadas", tiene como objetivo examinar de manera detallada las políticas públicas implementadas en México desde hace cuarenta años hasta la actualidad. A través de un enfoque interdisciplinario que combina elementos de la economía, la sociología, la política y otras disciplinas relevantes, se busca proporcionar una visión integral de la evolución de las políticas públicas en el país.

La presente introducción establecerá el marco general para el análisis que se llevará a cabo a lo largo de este libro. Se contextualizará el desarrollo histórico y político de México en las últimas décadas, destacando los eventos y tendencias más relevantes que han influido en la formulación y aplicación de políticas públicas.

Asimismo, se expondrán los objetivos y la metodología empleada en este estudio, con el fin de proporcionar una guía clara sobre el contenido y el enfoque adoptado.

En última instancia, este libro pretende contribuir al debate académico y político sobre el rumbo futuro de México, ofreciendo análisis rigurosos y propuestas concretas para abordar los retos que enfrenta el país en materia de desarrollo económico, social, político y ambiental. Sin más preámbulos adentrémonos en el fascinante mundo de las políticas públicas en México durante las últimas cuatro décadas.

Contextualización histórica y política de México en las últimas cuatro décadas.

para proporcionar una contextualización histórica y política de México en las últimas cuatro décadas, es necesario comprender los principales eventos y tendencias que han marcado el país durante este periodo. A continuación, se presenta una síntesis de los aspectos más relevantes:

1. **Transición Democrática (1980-2000):**

   Durante las décadas de 1980 a 1990, México experimentó una transición gradual hacia la democracia después de décadas de gobierno dominado por un solo partido. El Partido Revolucionario Institucional (PRI).

Las reformas políticas y electorales permitieron una mayor competencia política y un proceso electoral más transparente.

La firma del Tratado de Libre Comercio de América del Norte (TLCAN) en 1994 representó un hito importante en la integración económica de México con Estados Unidos y Canadá.

2. **Crisis Económicas y Reformas Neoliberales (1980-1990):**

   En la década de 1980, México enfrento una serie de crisis económicas y financieras, incluida la crisis de la deuda externa en 1982.

   Estas crisis llevaron a la implementación de políticas económicas neoliberales, como la apertura comercial, la privatización de empresas estatales y la liberación financiera.

   Aunque estas reformas contribuyeron al crecimiento económico, también aumentaron la desigualdad social y regional.

3. **Movimientos Sociales y Conflictos Internos (1990-2000):**

   Durante la década de 1990, México fue testigo de una serie de movimientos sociales y conflictos internos, incluida la insurgencia zapatista en Chiapas en 1994.

Estos movimientos resaltaron las tenciones sociales y étnicas en el país, así como la persistencia de la pobreza y la exclusión social en algunas regiones.

4. **Alternancia Política y Consolidación Democrática (2000-2020):**

En el año 2000, el PRI perdió la presidencia por primera vez en más de setenta años, dando paso a un periodo de alternancia política con la victoria del Partido Acción Nacional (PAN) y la elección de Vicente Fox como presidente.

A pesar de la alternancia política, persistieron desafíos como la corrupción, la inseguridad y la debilidad de las instituciones democráticas.

Durante los siguientes años, México continúo experimentando alternancias en el poder entre el PRI y el PAN, hasta la elección de Andrés Manuel López Obrador, líder del movimiento de Regeneración Nacional (MORENA), como presidente en 2018.

5. **Desafíos actuales (2020 en adelante):**

México enfrenta una serie de desafíos actuales, que incluyen la crisis económica provocada por la pandemia de COVID 19, la persistencia de la violación relacionada con el crimen organizado y

la corrupción, así como la necesidad de abordar las desigualdades sociales y regionales.
La administración de López Obrador ha propuesto una serie de reformas y políticas para abordar estos desafíos, incluida una mayor inversión en programas sociales y proyectos de infraestructura.

Esta contextualización histórica y política proporciona un marco general para comprender el desarrollo de México en las últimas cuatro décadas y los desafíos que enfrenta en el presente.

Justificación de la importancia de analizar las políticas públicas en este periodo.

La importancia de analizar las políticas públicas en México durante las últimas cuatro décadas radica en varios aspectos fundamentales:

1. **Entendimiento del Desarrollo Histórico:**

   El estudio de las políticas públicas permite comprender como han evolucionado las acciones del gobierno mexicano a lo largo del tiempo para abordar los desafíos socioeconómicos, políticos y ambientales del país. Esta comprensión histórica es crucial para evaluar el impacto de las políticas pasadas en el desarrollo actual de México.

2. **Identificación de Tendencias y Patrones:**
   Analizar las políticas públicas en un periodo de cuarenta años permite identificar tendencias y patrones en la toma de decisiones gubernamentales. Esto incluye la identificación de áreas prioritarias de intervención, cambios en las preferencias políticas y enfoques recurrentes en la formulación de políticas.

3. **Evaluación de Resultados y Efectividad:**

El análisis de las políticas públicas permite evaluar críticamente los resultados y la efectividad de las acciones gubernamentales en áreas clave como la educación, la salud, la economía, el medio ambiente y la seguridad. Esto proporciona información valiosa para mejorar la eficacia de las políticas futuras.

4. **Diagnóstico de Desafíos Persistentes:**

Al examinar las políticas públicas a lo largo del tiempo, es posible identificar desafíos persistentes que el gobierno mexicano ha enfrentado durante décadas. Estos desafíos, como la pobreza, la desigualdad, la corrupción y la inseguridad, pueden ser abordados de manera más efectiva mediante un análisis exhaustivo de las políticas pasadas y las lecciones aprendidas.

5. **Guía para la Formulación de Políticas Futuras:**

El análisis de las políticas públicas pasadas proporciona información crucial para orientar la formulación de políticas futuras. Al comprender qué estrategias han tenido éxito y cuales han fallado en el pasado, los responsables políticos pueden tomar decisiones mas informadas y basadas en evidencia para abordar los desafíos actuales y futuros.

En resumen, el análisis de las políticas públicas en México durante las últimas cuatro décadas es fundamental para comprender el desarrollo del país, identificar tendencias y desafíos persistentes, evaluar la efectividad de las acciones gubernamentales y guiar la formulación de políticas futuras. Este estudio proporciona una base sólida para mejorar la gobernanza y promover el desarrollo sostenible de México.

Objetivos del libro y enfoque metodológico

1. **Analizar la Evolución de las Políticas Públicas:** El principal objetivo del libro es examinar detalladamente la evolución de las políticas públicas en México durante las últimas cuatro décadas. Esto incluye identificar las principales áreas de intervención gubernamental, los cambios en las prioridades políticas y los resultados obtenidos en diversos sectores.

2. **Evaluar los Avances y Desafíos:** Se busca evaluar críticamente los avances logrados y los desafíos que persisten en áreas clave como la educación,

la salud, la economía, el medio ambiente, la seguridad y la justicia. Este análisis proporcionará una visión integral del progreso realizado y los obstáculos que aún deben superarse en el desarrollo del país.

3. **Proporcionar Recomendaciones para el Futuro:** Con base en la evaluación de las políticas públicas pasadas y presentes, el libro tiene como objetivo formular recomendaciones concretas para mejorar la efectividad de las políticas futuras. Estas recomendaciones estarán orientadas a abordar los desafíos actuales y promover el desarrollo sostenible en México.

Enfoque Metodológico:

1. **Análisis Documental:** Se realizará un exhaustivo análisis de documentos gubernamentales, informes de organismos internacionales, estudios académicos y otras fuentes relevantes para recopilar información sobre las políticas públicas implementadas en México durante las últimas cuatro décadas.

2. **Estudios de Casos:** Se incluirán estudios de caso detallados para ilustrar la implementación y efectividad de políticas públicas especificas en áreas seleccionadas. Estos estudios de caso proporcionarán ejemplos concretos de los

resultados obtenidos y los desafíos enfrentados en la práctica.

3. **Análisis Comparativo:** Se llevará a cabo un análisis comparativo entre diferentes periodos de tiempo, administraciones gubernamentales y regiones del país para identificar tendencias y patrones en la formulación y aplicación de políticas públicas.

4. **Consulta a Expertos:** Se consultará a expertos en diversas áreas temáticas para obtener una perspectiva especializada sobre los avances y desafíos en políticas públicas específicas. Estas consultas proporcionarán información adicional y enriquecerán el análisis realizado en el libro.

5. **Enfoque Interdisciplinario:** Se adoptará un enfoque interdisciplinario que integre elementos de la economía, la sociología, la ciencia política, la salud pública, el derecho y otras disciplinas relevantes para abordar de manera integral los temas relacionados con las políticas públicas en México. Esto permitirá obtener una comprensión más completa y profunda de los problemas analizados.

En conjunto, el enfoque metodológico del libro garantizará un análisis riguroso y completo de las políticas públicas en México durante las últimas cuatro décadas, así como la formulación de recomendaciones practicas para mejorar el desarrollo del país en el futuro.

Capítulo 1: Contexto Político y Económico de México.

El contexto político y económico de México en las últimas cuatro décadas ha sido caracterizado por una serie de cambios significativos, desafíos persistentes y transformaciones estructurales. A continuación, se presenta el resumen del contexto político y económicos en diferentes periodos.

1. **Décadas de 1980 a 1990:**

   Crisis Económicas: México experimentó una serie de crisis económicas durante las décadas de 1980 y 1990, incluida la crisis de la deuda externa en 1982. Estas crisis llevaron a la implementación de políticas de ajuste estructural recomendadas por el Fondo Monetario Internacional (FMI) y el Banco Mundial, que incluyeron la liberación económica, la privatización de empresas estatales y la apertura comercial.

   Transición Democrática: Durante este periodo, México comenzó a transitar hacia un sistema político más democrático después de décadas de gobierno dominado por un solo partido, el Partido Revolucionario Institucional (PRI). Se introdujeron reformas políticas y electorales para promover una mayor competencia política y un proceso electoral más transparente.

Tratado de Libre Comercio de América del Norte (TLCAN): La firma del TLCAN en 1994 representó un hito importante en la integración económica de México con Estados Unidos y Canadá. Si bien el tratado generó oportunidades económicas, también planteó desafíos en términos de competencia y ajuste estructural para algunos sectores de la economía mexicana.

2. **Década de 2000:**

Alternancia Política: en el año 2000, el PRI perdió la presidencia por primera vez en más de setenta años, dando paso a un periodo de alternancia política con la victoria del Partido Acción Nacional (PAN) y la elección de Vicente Fox como presidente. Esta alternancia política marcó un cambio significativo en el panorama político mexicano.

Desafíos Persistentes: A pesar de la alternancia política, México enfrentó desafíos persistentes en áreas como la pobreza, la desigualdad, la corrupción y la violencia relacionada con el crimen organizado. Estos problemas continuaron siendo temas prioritarios en la agenda política del país.

3. Década del 2010:

Retorno del PRI al Poder: En las elecciones del 2012, el PRI regresó al poder con la elección de Enrique Peña Nieto como presidente. Durante su mandato, se implementaron una serie de reformas estructurales en áreas como la educación, la energía y las telecomunicaciones, con el objetivo de impulsar el crecimiento económico y la competitividad en el país.

Desafíos de Seguridad y Corrupción: Sin embargo, México continuó enfrentando desafíos significativos en materia de seguridad y corrupción, con altos niveles de violencia relacionada con el crimen organizado y escándalos de corrupción que generaron malestar social y debilitaron la legitimidad del gobierno.

4. Década 2020 (Hasta el Momento):

Pandemia de COVID-19: La pandemia de COVID-19 ha tenido un impacto significativo en la economía mexicana, provocando una recesión económica y exacerbando los desafíos sociales existentes. El gobierno ha implementado medidas de emergencia para hacer frente a la crisis sanitaria y económica, aunque persisten preocupaciones sobre la efectividad y equidad de estas medidas.

Cambios Políticos: En el ámbito político, México ha experimentado cambios significativos con la elección de Andrés Manuel López Obrador como presidente en 2018. La administración de López Obrador ha prometido un enfoque renovado en la lucha contra la corrupción, a la reducción de la desigualdad y la promoción del desarrollo económico inclusivo.

En resumen, el contexto político y económico de México en las últimas cuatro décadas ha estado marcado por una serie de transformaciones, desafíos y cambios políticos significativos que han moldeado el curso del país y su desarrollo futuro.

Análisis de los Principales Eventos Políticos y Económicos que han marcado el país en las últimas cuatro décadas.

Durante las últimas cuatro décadas, México ha experimentado una serie de eventos políticos y económicos que han dejado una marca significativa en el país. A continuación, se presenta un análisis de algunos de los eventos más destacados.

1. **Crisis de la Deuda Externa (1982):** Uno de los eventos más importantes de la década de 1980 fue la crisis de la deuda externa que afecto México y otros países de américa latina. Esta crisis se desencadenó por el aumento de las tasas de interés internacionales y el exceso de endeudamiento de los países latinoamericanos. México se vio obligado a realizar una serie de ajustes económicos, lo que marcó el inicio de un periodo de reformas estructurales y apertura económica.

2. **Elección Presidencial de 1988:** La elección presidencial de 1988 estuvo marcada por la polémica y las acusaciones de fraude electoral. Este evento político dejó una huella significativa en la conciencia política del país y generó un mayor escrutinio sobre el sistema electoral mexicano. Aunque el resultado oficial dio como ganador al candidato del PRI, Carlos Salinas de Gortari, muchos cuestionaron la legitimidad del proceso electoral.

3. **Firma del Tratado de Libre Comercio de América del Norte (TLCAN) en 1994:** La firma del TLCAN en 1994 representó un hito importante

en la integración económica de México con Estados Unidos y Canadá. Este acuerdo comercial tuvo un impacto significativo en la economía mexicana, promoviendo la inversión extranjera y el crecimiento económico, pero también generó controversia y críticas por sus efectos en algunos sectores de la economía y en la soberanía nacional.

4. **Alzamiento Zapatista en Chiapas (1994):** El alzamiento zapatista en Chiapas en 1994 fue un evento político que llamó la atención nacional e internacionalmente. El levantamiento armado liderado por el Ejercito Zapatista de Liberación Nacional (EZLN) puso de relieve las profundas desigualdades sociales, la marginación y la falta de representación política de las comunidades indígenas en México.

5. **Alternancia política (2000):** La elección presidencial del 2000 marcó un hito histórico en México con la victoria de Vicente Fox del Partido Acción Nacional (PAN), poniendo fin a más de 70 años de Gobierno del PRI. Esta alternancia política representó un cambio significativo en el panorama político del país y reflejó el creciente deseo de democracia y cambio entre la población mexicana.

6. **Crisis Financiera Global (2008):** La crisis financiera global del 2008 tuvo un impacto significativo en la economía mexicana, afectando sectores como el turismo, la manufactura y las remesas. El gobierno mexicano implementó medidas de estímulo económico para mitigar los efectos de la crisis, pero la recuperación fue gradual y llevó varios años.

7. **Elección de Andrés Manuel López Obrador (2018):** La elección presidencial de 2018 marcó una alternancia política en México con la victoria de Andrés Manuel López Obrador del partido MORENA. Su elección representó un cambio significativo en la política mexicana, con un enfoque en la lucha contra la corrupción, la reducción de la desigualdad y la promoción del desarrollo económico inclusivo.

Estos eventos políticos y económicos han dejado una marca indeleble en la historia reciente de México, influenciando el curso del país y dando forma a su desarrollo futuro.

Identificación de las Tendencias Demográficas y Sociales Relevantes.

Identificar las tendencias demográficas y sociales relevantes en México implica analizar los cambios en la estructura y dinámica de la población, así como las transformaciones en la sociedad en general. A continuación, se presentan algunas de las tendencias más relevantes en México durante las últimas cuatro décadas:

1. **Crecimiento poblacional moderado:** Aunque el ritmo de crecimiento poblacional ha disminuido en comparación con décadas anteriores, México sigue siendo un país con una tasa de crecimiento poblacional positiva. Se observa un cambio de tasas de crecimiento más altas a tasas más moderadas, influenciado por factores como la urbanización, la planificación familiar y el acceso a la educación.

2. **Envejecimiento de la población:** Como resultado del descenso en las tasas de fertilidad y el aumento en la esperanza de vida, se ha producido un proceso de envejecimiento de la población en México. Esto plantea desafíos en términos de atención médica, seguridad social y pensiones, así como oportunidades en sectores como el cuidado de la salud y la industria de bienes y servicios para personas mayores.

3. **Urbanización Acelerada:** México ha experimentado un proceso acelerado de urbanización en las últimas décadas, con un crecimiento significativo de la población urbana.

Las ciudades más grandes, como ciudad de México, Guadalajara y Monterrey, han experimentado un crecimiento rápido y la formación de áreas metropolitanas expansivas, lo que plantea desafíos en términos de infraestructura, vivienda, transporte y medio ambiente.

4. **Migración Interna y Externa:** México ha sido históricamente un país de emigración, con millones de mexicanos emigrando a Estados Unidos en busca de mejores oportunidades económicas. Sin embargo, también se observa un aumento en la migración interna, especialmente de zonas rurales a áreas urbanas y de estados del sur a estados del norte. La migración interna y externa influye en la distribución geográfica de la población y plantea desafíos y oportunidades en términos de integración social, laboral y cultural.

5. **Desigualdad Social Persistente:** A pesar de los avances en términos de desarrollo económico y social, México sigue siendo un país con altos niveles de desigualdad. Las desigualdades socioeconómicas se manifiestan en áreas como ingresos, educación, acceso a servicios de salud y vivienda, y oportunidades laborales. la desigualdad social puede contribuir a la exclusión

social, la pobreza y la falta de movilidad ascendente.

6. **Cambio Cultural y Social:** Se observan cambios significativos en la estructura familiar, los roles de género, las prácticas religiosas y las identidades culturales en México. Estos cambios están influenciados por factores como la urbanización, la educación, la globalización y el acceso a la tecnología de la información y la comunicación. El cambio cultural y social puede tener implicaciones en áreas como la política, a la economía, la salud y la educación.

Estas tendencias demográficas y sociales son fundamentales para comprender la dinámica y los desafíos que enfrenta México en la actualidad, así como para informar el diseño de políticas Públicas que aborden las necesidades y promuevan el desarrollo sostenible y la inclusión social en el país.

Evaluación del impacto de la globalización y otros factores externos en las políticas públicas mexicanas.

Durante las últimas cuatro décadas, la globalización y otros factores externos han tenido un impacto significativo en las políticas públicas mexicanas en diversos ámbitos. A continuación, se presenta una evaluación de este impacto.

1. **Economía y comercio internacional:**

   Apertura económica: La adopción de políticas de apertura económica y la firma de tratados de libre comercio, como el TLCAN (y su sucesor, el T-MEC), han sido pilares de la política económica mexicana en las últimas décadas. Esto ha impulsado la integración de México en la economía global, aumentando el comercio internacional y atrayendo inversiones extranjeras.

   Impacto en las políticas públicas: Las políticas económicas se han orientado hacia la liberalización comercial, la promoción de exportaciones y la atracción de inversión extranjera. Se han implementado reformas estructurales para mejorar la competitividad, como la apertura del sector energético y de telecomunicaciones.

2. **Finanzas y Flujos de Capital:**

   Integración Financiera: La globalización financiera ha expuesto a México a los flujos de capital internacionales, lo que ha aumentado la volatilidad financiera y la vulnerabilidad a las crisis económicas globales, como la crisis financiera de 2008. La liberación financiera ha llevado a una mayor interconexión de los mercados financieros mexicanos con los

mercados globales.

Impacto en las políticas públicas: Las autoridades han tenido que implementar políticas para estabilizar los mercados financieros, fortalecer la regulación y supervisión del sector bancario, y acumular reservas internacionales como medidas de prevención ante posibles crisis económicas.

3. **Tecnología y Comunicaciones:**

Acceso a la Tecnología: La globalización ha facilitado el acceso a la tecnología y las comunicaciones en México, promoviendo el desarrollo de sectores como la tecnología de la información, la electrónica y las telecomunicaciones. La liberación del mercado de las telecomunicaciones ha llevado a una mayor competencia y acceso a servicios de internet y telefonía móvil.

Impacto en las Políticas Públicas: Se han implementado políticas para fomentar la inversión en infraestructura tecnológica, promover la adopción de tecnologías de la información en la administración pública y regular el mercado para garantizar la competencia y proteger los derechos de los consumidores.

4. Migración y Remesas:

Movimientos Migratorios: La globalización ha influenciado los patrones de migración, con un flujo constante de mexicanos emigrando a otros países en busca de mejores oportunidades económicas. Las remesas enviadas por los migrantes mexicanos representan una importante fuente de ingresos para muchas familias en México.

Impacto en las Políticas Públicas: México ha implementado políticas para proteger los derechos de los migrantes, facilitar el envío de remesas, promover la integración de los migrantes retornados y abordar las causas subyacentes de la migración, como la falta de empleo y oportunidades económicas.

En resumen, la globalización y otros factores externos han transformado profundamente las políticas públicas mexicanas en las últimas cuatro décadas, impulsando la apertura económica, la integración financiera, el desarrollo tecnológico y los movimientos migratorios. Si bien estos cambios han generado beneficios económicos y sociales, también han planteado desafíos en términos de vulnerabilidad económica, competencia desigual y presiones sociales. El desafío para las autoridades mexicanas es diseñar políticas públicas que aprovechen los beneficios de la globalización mientras mitigan sus impactos negativos y promueven un desarrollo inclusivo y sostenible.

Capítulo 2: Reformas Estructurales y Cambios Institucionales.

Las reformas estructurales y los cambios institucionales han sido elementos clave en la transformación del panorama político, económico y social de México en las últimas cuatro décadas. Aquí se presenta una evaluación de algunas de las reformas y cambios institucionales más significativos:

1. **Reformas Económicas:**

   Apertura Comercial: En la década de 1980, México implemento políticas de apertura económica que incluyeron la reducción de aranceles y la promoción de la inversión extranjera. Esto condujo a la firma del Tratado de Libre Comercio de América del Norte (TLCAN) en 1994, lo que impulsó la integración de México en la economía global.

   Reformas Financieras: Se llevaron a cabo reformas para modernizar el sistema financiero, incluyendo la privatización de bancos estatales y la creación de instituciones regulatorias como la Comisión Nacional Bancaria y de Valores (CNBV).

   Reformas Energéticas: En 2013, se implementaron reformas constitucionales para abrir el sector energético a la inversión privada, lo que permitió la participación de empresas extranjeras en la exploración y producción de petróleo y gas.

2. Reformas Sociales:

Reforma Educativa: Se implementaron reformas para mejorar la calidad de la educación, incluyendo la evaluación del desempeño docente y la autonomía de gestión escolar.
sin embargo, estas reformas fueron objeto de controversia y fueron modificadas posteriormente.
Reforma de Salud: Se creó el seguro popular en 2004 para ampliar la cobertura de salud a la población sin seguridad social formal. Posteriormente, se implementó el instituto de Salud para el Bienestar (INSABI) en 2019 para proporcionar servicios de salud gratuitos a toda la población.

3. Cambios Institucionales:

Transición Democrática: México ha experimentado una transición democrática significativa en las últimas décadas, con la alternancia en el poder entre diferentes partidos políticos y la promulgación de reformas políticas y electorales para fortalecer la democracia y la participación ciudadana.

Reformas Anticorrupción: Se han implementado reformas para combatir la corrupción y fortalecer el estado de derecho, incluyendo la creación del Sistema Nacional Anticorrupción (SNA) para prevenir, detectar y sancionar actos de corrupción.

4. **Reformas Laborales y de Seguridad Social:**

Reformas Laborales: Se han llevado a cabo reformas para modernizar las leyes laborales y promover la flexibilidad laboral, incluyendo la reforma laboral del 2012 que facilitó la contratación y el despido de trabajadores.

Reformas de Seguridad Social: Se han implementado medidas para fortalecer el sistema de seguridad social, incluyendo la ampliación de la cobertura de pensiones y la mejora de los servicios de salud para los trabajadores.

En general estas reformas estructurales y cambios institucionales han tenido un impacto significativo en México, aunque su efectividad y alcance pueden variar según el contexto y la implementación específica, si bien algunas han generado beneficios económicos y sociales, otras han sido objetos de críticas y desafíos en su implementación y resultados. La evaluación continua de estas reformas es crucial para identificar lecciones aprendidas y áreas de mejora para el futuro desarrollo del país.

Estudio de las reformas estructurales llevadas a cabo en México en áreas como la educación, energía, telecomunicaciones, entre otras.

Durante las últimas cuatro décadas, México ha experimentado una serie de reformas estructurales en diversas áreas, incluyendo educación, energía, telecomunicaciones y más. Aquí hay un análisis de algunas de las reformas más significativas en estas áreas durante este periodo.

1. Educación:

Reforma Educativa (2013-2019): Esta reforma tuvo como objetivo mejorar la calidad de la educación en México mediante la implementación de evaluaciones estandarizadas para maestros, la introducción de planes de estudios actualizados y la promoción de la rendición de cuentas en las escuelas. Sin embargo, enfrentó resistencia de sindicatos y docentes, y fue modificada posteriormente.

2. Energía:

Reforma Energética (2013): Estas reformas constituyeron un cambio significativo al abrir el sector energético a la inversión privada. Se permitió la participación de empresas privadas en la exploración y producción de petróleo, así como en la generación de energía eléctrica. El objetivo era aumentar la competitividad y eficiencia del sector, reducir la dependencia de las importaciones energéticas y promover el crecimiento económico.

3. Telecomunicaciones:

Reforma de Telecomunicaciones (2013): Esta reforma buscaba promover la competencia, mejorar la calidad y reducir los precios de los servicios de telecomunicaciones en México, se creó el Instituto Federal de Telecomunicaciones (IFT) como organismo autónomo para regular y supervisar el mercado de las telecomunicaciones y la radiodifusión. Se buscaba garantizar un acceso equitativo a los servicios de telecomunicaciones en todo el país.

4. Salud:

Seguro Popular (2004): Esta reforma estableció el seguro popular con el objetivo de brindar acceso a servicios de salud a la población sin seguridad social formal. Buscaba reducir las disparidades en el acceso a la atención médica y mejorar la salud de los mexicanos. Sin embargo, enfrento desafíos en términos de calidad y cobertura.

5. Laboral:

Reforma Laboral (2012): Esta reforma tenía como objetivo modernizar las leyes laborales para promover la flexibilidad y competitividad del mercado laboral. Se introdujeron cambios para facilitar la contratación y despido de trabajadores, promover la formalización del empleo y fortalecer los mecanismos de resolución de conflictos laborales.

Estas reformas estructurales han tenido un impacto significativo en México, aunque su efectividad y alcance pueden variar dependiendo del contexto y la implementación especifica. Es importante realizar un análisis crítico de estas reformas para comprender sus logros, desafíos y posibles áreas de mejora en el futuro.

Análisis de los cambios institucionales y legales que han impactado en la formulación y aplicación de políticas públicas.

Durante los últimos 40 años, México ha experimentado una serie de cambios institucionales y legales que han tenido un impacto significativo en la formulación y aplicación de políticas públicas. Aquí hay un análisis de algunos de estos cambios:

1. **Transición Democrática:**

   Apertura Política: Desde finales del siglo XX, México ha experimentado una transición democrática significativa, pasando de un sistema político predominantemente autoritario a uno más plural y democrático. La apertura política ha permitido una mayor participación de la sociedad civil en la formulación de políticas públicas y una mayor competencia entre diferentes partidos políticos.

2. **Reformas Constitucionales:**

Apertura Económica: A lo largo de las últimas décadas, México ha llevado a cabo una serie de reformas constitucionales para promover la apertura económica y la inversión extranjera. Estas reformas han impactado en sectores clave como la energía, las telecomunicaciones y la educación, abriendo el camino a la participación del sector privado y la competencia en áreas que antes estaban monopolizadas por el estado.

Derechos Humanos: Se han realizado cambios constitucionales para fortalecer la protección de los derechos humanos y garantizar un mayor respeto por el estado de derecho. Esto ha llevado a la creación de instituciones como la Comisión Nacional de los Derechos Humanos (CNDH) y el fortalecimiento del sistema de justicia.

3. **Descentralización y Federalismo:**

Transferencia de Responsabilidades: En las últimas décadas, ha habido un movimiento hacia una mayor descentralización y autonomía de los gobiernos estatales y locales. Se han transferido responsabilidades y recursos a los estados y municipios para la prestación de servicios públicos como educación, salud y seguridad.

4. **Reformas en el Sistema de Justicia:**

Adopción de Sistemas Acusatorios: Se han implementado reformas legales para transitar de un sistema de justicia inquisitivo a uno más acusatorio y oral. Estos cambios buscan fortalecer el debido proceso, la transparencia y la eficacia del sistema judicial.

Fortalecimiento de la Fiscalía General: Se ha buscado fortalecer la independencia y la capacidad de la fiscalía General para combatir la corrupción y la impunidad, así como para garantizar una administración de justicia más eficiente y transparente.

5. **Instituciones de Rendición de Cuentas:**

Creación de Órganos de Control: Se han establecido instituciones independientes de rendición de cuentas, como la Auditoria Superior de la Federación(ASF) y el Instituto Nacional Electoral(INE), para supervisar el uso adecuado de los recursos públicos y garantizar la transparencia y la equidad de los procesos electorales.

Estos cambios institucionales y legales han tenido un impacto significativo en la formulación y aplicación de políticas públicas en México durante las últimas cuatro décadas. Han contribuido a la consolidación de un sistema político más democrático, transparente y orientado al respeto de los derechos humanos. Sin embargo, también han surgido desafíos en términos de implementación efectiva, corrupción y resistencia a los cambios, que requieren atención continua por parte de las autoridades y la sociedad civil.

Evaluación de los resultados y efectividad de estas reformas en términos de desarrollo económico y social.

La evaluación de los resultados y la efectividad de las reformas implementadas en México en términos de desarrollo económico y social es un proceso complejo y multifacético. A continuación, se proporciona una evaluación general de algunos de los aspectos clave:

1. **Desarrollo Económico:**

Crecimiento Económico: Si bien las reformas estructurales han buscado promover el crecimiento económico a través de la apertura de sectores clave como la energía y las telecomunicaciones, los resultados han sido mixtos. Si bien México ha experimentado periodos de crecimiento económico moderado, también ha enfrentado desafíos persistentes como la baja productividad, la informalidad laboral y la desigualdad de ingresos.

Inversión Extranjera: Las reformas orientadas a promover la inversión extranjera han atraído capital y tecnología al país, especialmente en sectores como la energía y la manufactura. Sin embargo, la inversión sigue concentrada en ciertas regiones y sectores, lo que limita el impacto en desarrollo económico a nivel nacional.

Competitividad: Se ha buscado mejorar la competitividad de la economía mexicana a través de reformas laborales y fiscales para promover la fiscalización del empleo y reducir la carga tributaria sobre las empresas. Aunque ha habido avances en este sentido, persisten desafíos en términos de infraestructura, corrupción, y burocracia que obstaculizan la competitividad.

2. **Desarrollo Social:**

Acceso a Servicios Público: Las reformas en áreas como la educación, salud y telecomunicaciones han buscado mejorar el acceso de la población a servicios básicos. Se han implementado programas como el Seguro Popular y el Programa de Inclusión Digital para ampliar la cobertura y calidad de estos servicios, sin embargo, persisten brechas en el acceso a servicios de calidad, especialmente a zonas rurales y marginadas.

Reducción de la Pobreza: A pesar de los esfuerzos por mejorar los indicadores sociales, la pobreza y la desigualdad siguen siendo desafíos persistentes en México. Si bien ha habido avances en la reducción de la pobreza extrema, la desigualdad de ingresos y la falta de movilidad social siguen siendo preocupaciones importantes.

Empleo y Salarios: A pesar de las reformas laborales orientadas a promover la formalización del empleo, la creación de empleo de calidad sigue siendo un desafío.
Los salarios siguen siendo bajos en comparación con otros países de la región, lo que limita al

poder adquisitivo de la población y afecta su calidad de vida.

En resumen, si bien las reformas estructurales implementadas en México en las últimas décadas han tenido algunos impactos positivos en términos de desarrollo económico y social, también enfrentan desafíos significativos en términos de implementación efectiva, corrupción, desigualdad y persistencia de la pobreza. Se requiere un enfoque integral y continuo para abordar estos desafíos y garantizar un desarrollo más equitativo y sostenible en el país.

Capítulo 3: Avances en Educación y Desarrollo Humano.

Los avances en educación y desarrollo humano son indicadores clave del progreso social y económico de un país. En el caso de México, se han realizado diversos esfuerzos para mejorar la calidad y accesibilidad de la educación, así como para impulsar el desarrollo humano en general. A continuación, se presentan algunos de estos avances:

1. **Educación Básica Universal:** Se ha avanzado en la expansión de la cobertura educativa en México, especialmente en el nivel de educación básica. Programas como la ampliación de la educación preescolar y la implementación de la educación secundaria obligatoria han contribuido a aumentar la tasa de matriculación y reducir la brecha en el acceso a la educación.

2. **Mejora de la Calidad Educativa:** Se han implementado políticas y programas para mejorar la calidad de la educación en México, incluyendo la capacitación docente, la actualización de planes y programas de estudio, y la incorporación de tecnologías educativas. Se han establecido estándares de calidad y evaluaciones

estandarizadas para monitorear el desempeño de estudiantes y maestros.

3. **Inversión de Infraestructura Escolar:** Se han realizado inversiones significativas en la construcción y mejora de la infraestructura escolar en todo el país. Esto incluye la construcción de nuevas escuelas, la rehabilitación de instalaciones existentes, y la provisión de equipamiento y materiales educativos adecuados.

4. **Promoción de la Educación Superior:** Se ha fomentado el acceso a la educación superior a través de la expansión de la oferta de instituciones educativas y programas de becas y financiamiento estudiantil. Esto ha permitido que un Mayor número de jóvenes mexicanos accedan a estudios universitarios y técnicos.

5. **Desarrollo Humano:** Además de los avances en educación, México ha registrado mejoras en otros indicadores de desarrollo humano, como la esperanza de vida, la mortalidad infantil y el acceso a servicios básicos de salud. Programas sociales como prospera (antes oportunidades) han contribuido a reducir la pobreza y desigualdad en el país.

Si bien estos avances son alentadores, aún persisten desafíos importantes en al ámbito educativo y en el desarrollo humano en general. La calidad educativa sigue siendo heterogénea y existe una brecha significativa en el acceso a una educación de calidad entre diferentes regiones y grupos socioeconómicos. Además, se requiere un enfoque integral que aborde no solo la educación, sino también otros determinantes del desarrollo humano, como la salud, el empleo y la igualdad de género para garantizar un progreso sostenible y equitativo en México.

Revisión de las políticas y programas implementados para mejorar las calidad y acceso a la educación en México.

En México se han implementado una serie de políticas y programas dirigidos a mejorar la calidad y el acceso a la educación en todos los niveles. Aquí hay una revisión de algunas de estas iniciativas:

1. **Programa Nacional de Becas para el Bienestar Benito Juárez:** Este programa tiene como objetivo proporcionar apoyo económico a estudiantes de bajos recursos económicos en todos los niveles educativos, desde preescolar

hasta educación superior. Las becas pueden incluir apoyos para útiles escolares, transporte, alimentación y gastos educativos adicionales.

2. **Programa de Escuelas de Tiempo Completo:** Este programa busca ampliar el tiempo de permanencia de los estudiantes en la escuela para ofrecerles actividades complementarias que fortalezcan su formación integral. Proporciona alimentación, actividades culturales, deportivas y artísticas, así como esfuerzo académico.

3. **Programas de Mejoras del Aprendizaje y el Rendimiento Escolar (MEJORES):** Este programa está dirigido a fortalecer las competencias lectoras y matemáticas de los estudiantes de educación básica, incluye acciones de capacitación docente, acompañamiento pedagógico, evaluación de resultados y desarrollo de materiales didácticos.

4. **Programa Nacional de Ingles en Educación Básica (PRONI):** Este programa tiene como objetivo fortalecer el aprendizaje del idioma ingles en estudiantes de educación básica. Proporciona capacitación docente, material didáctico, y apoyo técnico para mejorar la enseñanza y el aprendizaje del inglés en las escuelas.

5. **Reforma Educativa:** La reforma educativa implementada en 2013 buscaba mejorar la calidad de la educación en México a través de la evaluación del desempeño docente, la implementación de planes de estudio actualizados, la autonomía escolar y la rendición de cuentas. Aunque ha sido objeto de controversia y modificaciones, algunos de sus elementos siguen vigentes y han contribuido a cambios en el sistema educativo.

6. **Programa de Inclusión y Alfabetización Digital:** Este programa tiene como objetivo promover el uso de las tecnologías de la información y comunicación (TIC) en la educación, así como brindar acceso a recursos digitales y capacitación en competencias digitales para estudiantes y docentes.

Estos son solo algunos ejemplos de las políticas y programas implementados en México para mejorar la calidad y el acceso a la educación. Si bien estos esfuerzos son importantes, aún existen desafíos persistentes en términos de equidad, calidad y cobertura educativa que requieren atención continua por parte de las autoridades y la sociedad en conjunto.

Análisis de los esfuerzos para reducir la brecha educativa y promover el desarrollo humano en diferentes regiones del país.

Los esfuerzos para reducir la brecha educativa y promover el desarrollo humano en diferentes regiones de México han sido fundamentales para abordar las desigualdades socioeconómicas y mejorar las oportunidades de vida de la población. Aquí hay un análisis de estos esfuerzos:

1. **Programas de Becas y Apoyos Económicos:** Se han implementado programas de becas y apoyos económicos dirigidos a estudiantes de bajos recursos en todas las regiones del país. Estos programas buscan garantizar que todos los niños y jóvenes tengan acceso a la educación, independientemente de su situación económica. Sin embargo, es importante asegurarse de que estos programas lleguen de manera efectiva a las comunidades más marginadas y vulnerables.

2. **Infraestructura Educativa:** Se han realizado inversiones en infraestructura educativa en áreas rurales y urbanas marginadas para mejorar las condiciones de las escuelas y garantizar un entorno adecuado para el aprendizaje. Esto incluye la construcción de nuevas escuelas, la rehabilitación de instalaciones existentes y la

provisión de equipamiento y materiales educativos.

3. **Programas de Capacitación Docente:** Se han implementado programas de capacitación docente destinados a mejorar las habilidades y competencia de los maestros que trabajan en áreas desfavorecidas. Estos programas buscan fortalecer las practicas pedagógicas y mejorar los resultados académicos de los estudiantes.

4. **Escuelas de Tiempo Completo:** Las escuelas de tiempo completo ofrecen una variedad de servicios adicionales, como alimentación, actividades extracurriculares y refuerzo académico, que benefician especialmente a los estudiantes en áreas desfavorecidas. Estas escuelas pueden ayudar a compensar las desventajas socioeconómicas y mejorar los resultados educativos.

5. **Programas de Alfabetización y Educación Continua:** Se han implementado programas de alfabetización y educación continúa dirigidos a jóvenes y adultos que no han tenido acceso a la educación formal o que desean mejorar sus habilidades y conocimientos. Estos programas pueden ayudar a cerrar la brecha educativa y promover el desarrollo humano en comunidades marginadas.

6. **Atención a Grupos Vulnerables:** Se han implementado políticas y programas específicos dirigidos a atender las necesidades de grupos vulnerables como personas con discapacidad, comunidades indígenas y población migrante. Estos esfuerzos buscan garantizar que todos los grupos de la sociedad tengan acceso equitativo a la educación y oportunidades de desarrollo humano.

En resumen, los esfuerzos para reducir la brecha educativa y promover el desarrollo humano en diferentes regiones de México son fundamentales para construir una sociedad más equitativa y prospera. Sin embargo, es importante seguir fortaleciendo estos esfuerzos y garantizar que lleguen de manera efectiva a las comunidades más marginadas y vulnerables del país.

Evaluación de los desafíos pendientes en materia de educación y desarrollo humano.

Durante las últimas cuatro décadas, México ha realizado importantes esfuerzos en materia de educación y desarrollo humano, sin embargo, aún enfrenta varios desafíos pendientes:

1. **Desigualdad Educativa:** A pesar de los avances en la expansión de la cobertura educativa, persisten desigualdades significativas en el acceso a una educación de calidad entre diferentes regiones y grupos socioeconómicos. Las zonas rurales y marginadas continúan enfrentando mayores dificultades en términos de infraestructura escolar, calidad de la enseñanza y recursos educativos disponibles.

2. **Calidad Educativa:** Si bien se han implementado programas para mejorar la calidad de la educación, sigue siendo un desafío importante garantizar que todos los estudiantes reciban una educación de calidad que promueva el desarrollo de Las habilidades y competencias necesarias para su vida personal y profesional. La capacitación docente, el desarrollo de planes de estudio actualizados y la evaluación del desempeño educativo son áreas que requieren mayor atención.

3. **Brecha Tecnológica:** La pandemia de COVID-19 ha resaltado la brecha tecnológica existente en el país, especialmente en el ámbito educativo. Muchos estudiantes no tienen acceso a dispositivos electrónicos ni a conectividad a internet adecuada, lo que dificulta su

participación en la educación a distancia y limita su acceso a recursos educativos digitales.

4. **Desigualdad Social y Económica:** La desigualdad socioeconómica sigue siendo un factor determinante en los resultados educativos y el desarrollo humano a México. Las familias de bajos ingresos enfrentan mayores barreras para acceder a una educación de calidad, lo que perpetua el ciclo de pobreza y desigualdad en el país.

5. **Desafíos en la Educación Superior:** A pesar de los esfuerzos por aumentar la accesibilidad a la educación superior, todavía existen desafíos en términos de cobertura, calidad y pertinencia de los programas educativos. La falta de oportunidades laborales para los graduados y la desconexión entre la educación y las necesidades del mercado laboral son temas importantes a abordar.

6. **Necesidad de Inversión Continua:** Para enfrentar estos desafíos, es necesario un compromiso continuo con inversión en educación y desarrollo humano. Esto incluye la asignación de recursos adecuados para la mejora de la infraestructura educativa, la capacitación docente, el acceso a tecnologías de la información y

comunicación, y la implementación de políticas educativas inclusivas y equitativas.

En resumen, si bien México ha realizado avances significativos en materia de educación y desarrollo humano en las últimas cuatro décadas, aún existen desafíos pendientes que requieren una atención continua y un enfoque integral por parte de las autoridades gubernamentales, la sociedad civil y el sector privado. Es fundamental abordar estos desafíos para garantizar un futuro más próspero y equitativo para todos los mexicanos.

Capítulo 4: Políticas Sociales y Reducción de la Pobreza.

Durante las últimas cuatro décadas, México ha implementado diversas políticas sociales dirigidas a la reducción de la pobreza y la mejora del bienestar de la población, aquí hay un análisis de algunas de estas políticas:

1. **Programas de Transferencias Monetarias Condicionadas:** Programas como prospera (antes oportunidades) y la pensión para adultos mayores son ejemplos de políticas que proporcionan transferencias monetarias a hogares en situación de pobreza, con la condición de que los beneficiarios cumplan con ciertos requisitos, como la asistencia escolar y a citas médicas. Estos programas han contribuido a reducir la pobreza extrema y mejorar el acceso a servicios básicos de salud y educación.

2. **Seguro Popular:** El seguro popular, creado en 2004, tenía como objetivo proporcionar acceso a servicios de salud a la población sin seguridad social formal. Aunque enfrentó desafíos en términos de cobertura y calidad, contribuyó a reducir las barreras financieras para acceder a la atención médica y mejorar la salud de los mexicanos más vulnerables.

3. **Programas de Desarrollo Social y Comunitario:** Se han implementado programas de desarrollo social y comunitario en áreas rurales y urbanas marginadas para mejorar las condiciones de vida de la población. Estos programas incluyen la construcción de infraestructura básica, como vivienda, agua potable y saneamiento, así como la promoción de actividades económicas y sociales en las comunidades más pobres.

4. **Educación y Capacitación Laboral:** Se han llevado a cabo programas de educación y capacitación laboral dirigidos a mejorar las habilidades y oportunidades de empleo de los individuos en situación de pobreza. Estos programas ofrecen capacitación en áreas como agricultura, artesanías, tecnología y emprendimiento, con el objetivo de promover la inclusión laboral y reducir la dependencia económica.

5. **Microcréditos y Financiamiento para Emprendedores:** Se han implementado programas de microcréditos y financiamiento para emprendedores de bajos ingresos con el fin de fomentar la creación de pequeñas empresas y desarrollo de la economía local. Estos programas ofrecen acceso a capital inicial y asesoramiento

técnico para iniciar o expandir negocios en comunidades desfavorecidas.

Si bien estas políticas sociales han tenido un impacto positivo en la reducción de la pobreza y el mejoramiento del bienestar de la población, aún persisten desafíos importantes, como la desigualdad económica, la falta de acceso a servicios básicos de calidad y la exclusión social. Para abordar estos desafíos de manera efectiva, es necesario un enfoque integral que combine políticas sociales con medidas orientadas al crecimiento económico inclusivo, la generación de empleo digno y el fortalecimiento de la infraestructura social.

Estudio de los Programas de Combate a la Pobreza Implementados en México Durante las Últimas Cuatro Décadas.

Durante las últimas cuatro décadas, México ha implementado una serie de programas de combate a la pobreza con el objetivo de reducir la marginación y mejorar el bienestar de la población vulnerable. Aquí hay un estudio de algunos de los programas más destacados.

1. **Programa Nacional de Solidaridad (PRONASOL, 1988-1994):** Este fue uno de los primeros programas importantes de combate a la pobreza en México. Su enfoque principal era

proporcionar asistencia social directa a comunidades marginadas a través de proyectos de infraestructura básica, como vivienda, agua potable, electrificación y caminos. También incluía programas de educación, salud y alimentación.

2. **Progresa/oportunidades/prospera(1997-presente):** Este programa de transferencias monetarias condicionadas fue lanzado en 1997 y ha pasado por varias modificaciones y renombramientos al largo de los años. Su objetivo principal es proporcionar apoyo financiero a familias en situación de pobreza extrema, con la condición de que cumplan con ciertos requisitos relacionados con la educación, la salud y la nutrición de sus hijos. Prospera ha sido ampliamente reconocido por su impacto en la reducción de la pobreza y la mejora en los indicadores de salud y educación.

3. **Seguro Popular (2004-2018):** Este programa tenía como objetivo proporcionar acceso a servicios de salud a la población sin seguridad social formal. A través de este esquema se ofrecían servicios médicos gratuitos a bajo costo a personas no afiliadas a instituciones de seguridad social. A pesar de sus logros en la expansión de la cobertura de salud, el seguro

popular enfrentó desafíos en términos de calidad y equidad en la atención médica.

4. **Pensión para Adultos Mayores (2007-presente):** Este programa proporciona una pensión económica a adultos mayores de 68 años en situación de pobreza. El objetivo es garantizar un ingreso mínimo para este grupo vulnerable y mejorar su calidad de vida en la vejez. La pensión se otorga de manera universal y no está condicionada a requisitos específicos.

5. **Programa de Empleo Temporal (PET,1995-presente):** Este programa proporciona empleo temporal en proyectos de obra pública y servicios comunitarios a personas en situación de pobreza. El PET tiene como objetivo generar ingresos para las familias más vulnerables y mejorar las condiciones de vida en comunidades marginadas.

Estos son solo algunos ejemplos de los programas de combate a la pobreza implementados en México durante las últimas cuatro décadas. Si bien estos programas han tenido un impacto significativo en la reducción de la pobreza y la mejora del bienestar de la población, aún existen desafíos persistentes en términos de desigualdad económica, acceso a servicios básicos de calidad y exclusión social que requieren una atención continua por parte de las autoridades y la sociedad en conjunto.

Análisis de los programas de transferencias monetarias condicionadas y otras políticas sociales orientadas a la inclusión y protección social.

En las últimas cuatro décadas, México ha implementado una serie de programas de transferencias monetarias condicionadas(TMC) y otras políticas sociales orientadas a la inclusión y protección social, con el objetivo de reducir la pobreza y mejorar el bienestar de la población más vulnerable. Aquí se presenta un análisis de estos programas y políticas sociales:

Programas de Transferencias Monetarias Condicionadas (TMC):

1. **Progresa/Oportunidades/prospera:**
   Descripción: Este programa, lanzado en 1997 bajo el nombre de Progresa, posteriormente renombrado como Oportunidades y luego Prospera, es uno de los programas de TMC más significativos en México. Proporciona transferencias monetarias a familias en situación de pobreza extrema, con la condición de que cumplan con requisitos

relacionados con la educación, salud y nutrición de sus hijos.

Impacto: Ha demostrado ser efectivo para reducir la pobreza extrema, mejorar la salud y aumentar la matrícula y el rendimiento escolar en las áreas beneficiadas. Además, ha contribuido a mejorar el bienestar de las mujeres al fomentar su participación en la toma de decisiones familiares y comunitarias.

Desafíos: Aunque ha tenido un impacto positivo, enfrenta desafíos en términos de cobertura, acceso y distribución de recursos. También ha habido críticas sobre la sostenibilidad a largo plazo y la dependencia de las familias beneficiarias del programa.

Otras Políticas Sociales Orientadas a la Inclusión y Protección Social:

1. **Pensión para Adultos Mayores:**

   Descripción: Este programa proporciona una pensión económica mensual a adultos mayores de 65 años. El objetivo es garantizar un ingreso mínimo para este grupo vulnerable y mejorar su calidad de vida en la vejez.

   Impacto: Ha contribuido a reducir la pobreza entre los adultos mayores y mejorar su bienestar económico y social.

2. **Programas de Desarrollo Social y Comunitario:** Se han implementado programas de desarrollo social en áreas rurales y urbanas marginadas para mejorar las condiciones de vida de la población. Incluyen proyectos de infraestructura básica, servicios de salud y educación, y actividades económicas y sociales en las comunidades más pobres.

3. **Programas de Empleo Temporal:** Estos programas ofrecen empleo temporal en proyectos de obra pública y servicios comunitarios a personas en situación de pobreza. Ayudan a generar ingresos para las familias más vulnerables y mejorar las condiciones de vida en comunidades marginadas.

4. **Acceso a Servicios de Salud:** El seguro popular, que funcionó de 2004 a 2018, tenía como objetivo proporcionar acceso a servicios de salud a la población sin seguridad social formal. Fue reemplazado por el Instituto de Salud para el Bienestar(INSABI) en 2020, que busca proporcionar atención médica gratuita a toda la población.

Evaluación General:

Si bien los programas de TMC y otras políticas sociales han tenido un impacto positivo en la reducción de la pobreza extrema y la mejora de los indicadores sociales, persisten desafíos en términos de cobertura, equidad y sostenibilidad financiera.

También hay desafíos relacionados con la calidad de los servicios públicos, la infraestructura y la capacidad de las instituciones para implementar y monitorear eficazmente los programas.

Para mejorar la efectividad de las políticas sociales, es importante continuar evaluando y ajustando los programas según las necesidades cambiantes de la población y asegurar una coordinación adecuada entre los distintos niveles de gobierno y las instituciones involucradas.

En resumen, los programas de TMC y otras políticas sociales han desempeñado un papel crucial en la inclusión y protección social en México, pero aún se requieren esfuerzos para abordar los desafíos persistentes y garantizar un impacto sostenible a largo plazo.

Evaluación de los Resultados y Desafíos en la Reducción de la Pobreza y la Desigualdad.

La evaluación de los resultados y desafíos en la reducción de la pobreza y la desigualdad en México requiere un análisis multidimensional de diversos aspectos sociales, económicos y políticos. A continuación, se presentan los resultados y desafíos clave en estos campos:

Resultados:

1. **Reducción de la Pobreza Extrema:** México ha logrado avances significativos en la reducción de la pobreza extrema, principalmente a través de programas de transferencias monetarias condicionadas como Progresa/Oportunidades/Prospera. Estos programas han contribuido a mejorar el acceso a servicios básicos como la salud y la educación.

2. **Mejoras en Indicadores Sociales:** Se ha observado una mejora en varios indicadores sociales, como la reducción de la mortalidad infantil, el aumento de la esperanza de vida y una mayor tasa de matrícula escolar. Los programas de salud, educación y nutrición han tenido un impacto positivo en estos indicadores.

3. **Inclusión de Grupos Vulnerables:** Los programas sociales han promovido la inclusión de grupos tradicionales marginados, como las

comunidades indígenas, los adultos mayores y las personas con discapacidad, brindándoles acceso a servicios y oportunidades económicas.

Desafíos:

1. **Desigualdad Económica:** La desigualdad de ingresos en México es alta y persistente. Aunque se han logrado avances en la reducción de la pobreza extrema, las disparidades en la distribución de la riqueza siguen siendo un problema significativo.

2. **Desigualdad Regional:** Existen disparidades regionales importantes en términos de desarrollo humano. Las áreas rurales y las regiones del sur de México enfrentan mayores desafíos en términos de acceso a servicios básicos, oportunidades de empleo y desarrollo económico.

3. **Sostenibilidad de los Programas Sociales:** La sostenibilidad financiera de los programas sociales es un desafío clave. La dependencia de transferencias gubernamentales puede ser insostenible a largo plazo si no se fortalece la base fiscal o se mejoran los mecanismos de recaudación.

4. **Acceso a Empleo Digno:** El acceso a empleo digno y bien remunerado sigue siendo un

problema en México. Muchos trabajadores se encuentran en la economía informal, lo que limita sus oportunidades de mejorar su situación económica y acceder a servicios de seguridad social.

5. **Eficiencia y Coordinación Institucional:** La implementación eficaz de los programas sociales a menudo se ve obstaculizada por problemas de coordinación y eficiencia institucional. Las deficiencias en la entrega de servicios pueden limitar el impacto de los programas.

6. **Persistencia de la Desigualdad Educativa:** Aunque ha habido mejoras en el acceso a la educación, persisten desafíos relacionados con la calidad y equidad de la educación. Las disparidades en el acceso a una educación de calidad pueden perpetuar las diferencias socioeconómicas.

Conclusiones:

Si bien México ha logrado avances significativos en la reducción de la pobreza y la mejora de los indicadores sociales, persisten desafíos en la desigualdad económica y regional, la sostenibilidad de los programas sociales y la eficiencia en la implementación de políticas. Se requieren esfuerzos continuos para abordar estos desafíos y garantizar un desarrollo más equitativo y sostenible para todos los mexicanos.

Capítulo 5: Desarrollo Económico y Competitividad.

En las últimas cuatro décadas, México ha experimentado cambios significativos en su desarrollo económico y competitividad, influenciados por diversos factores internos y externos. A continuación, se analiza el desarrollo económico y la competitividad del país en este periodo:

Desarrollo Económico:

1. **Apertura Comercial y Globalización:**
   México ha sido uno de los países líderes en América Latina en abrir su economía al comercio internacional. La firma del Tratado de Libre Comercio de América del Norte (TLCAN) en 1994 y su posterior modernización en 2020 con el tratado entre México, Estados Unidos y Canadá (T-MEC) han sido hitos importantes en la integración de México en la economía global.
   La apertura comercial ha impulsado sectores clave como la manufactura y la exportación, lo que ha contribuido al crecimiento económico y la creación de empleo.

2. **Diversificación Económica:**

A lo largo de las últimas décadas, México ha diversificado su economía, pasando de una fuerte dependencia del petróleo a un mayor énfasis en sectores como la manufactura, el turismo, los servicios financieros y la tecnología.

La industria automotriz y de autopartes, la electrónica y los electrodomésticos se han convertido en sectores de importancia para el crecimiento económico del país.

3. **Inversión Extranjera Directa (IED):**

México ha atraído una cantidad significativa de inversión extranjera directa (IED), especialmente en los sectores de manufactura, energía, infraestructura y tecnología. La IED ha sido un motor importante para el desarrollo económico, aportando capital, tecnología y empleo.

4. **Estabilidad Macroeconómica:**

México ha logrado mantener una relativa estabilidad macroeconómica a lo largo de las últimas décadas. La política monetaria y fiscal prudente ha ayudado a controlar la inflación y mantener un entorno favorable para la inversión.

Competitividad:

1. **Innovación y Tecnología:**
   México ha buscado fomentar la innovación y el desarrollo tecnológico como impulsores de la competitividad. Se han establecido incentivos fiscales y programas de apoyo para promover la investigación y el desarrollo (I+D) en empresas y universidades.

2. **Entorno Empresarial:**
   Aunque se han realizado esfuerzos para mantener el entorno empresarial, como la simplificación de trámites y mejora de la infraestructura, México enfrenta desafíos en términos de corrupción, inseguridad y burocracia, que afectan negativamente la competitividad.

3. **Educación y Capital Humano:**
   A pesar de los avances en educación, persisten desafíos relacionados con la calidad de la educación y la formación del capital humano necesario para impulsar la competitividad. La brecha entre la oferta y la demanda de habilidades sigue siendo un desafío para el mercado laboral.

4. **Desigualdad Regional:** Las diferencias en el desarrollo económico y la competitividad entre las distintas regiones de México son

pronunciadas. Mientras que algunas regiones, como el bajío y el norte del país, han experimentado un desarrollo económico significativo, otras áreas, especialmente en el sur, siguen enfrentando desafíos en términos de infraestructura, educación y empleo.

Conclusión:

En las últimas cuatro décadas. México ha experimentado avances significativos en su desarrollo económico y competitividad, impulsados por la apertura comercial y la diversificación económica. Sin embargo, enfrenta desafíos persistentes en términos de desigualdad regional, calidad de la educación y capital humano, y problemas de corrupción e inseguridad. Abordar estos desafíos será clave para lograr un crecimiento económico más sostenible y equitativo en el futuro.

Exploración de las políticas económicas orientadas al desarrollo y la competitividad en México.

En las últimas cuatro décadas, México ha implementado una serie de políticas económicas orientadas al desarrollo y la competitividad con el objetivo de impulsar el crecimiento sostenible y mejorar la posición del país en la economía global. A continuación, se presentan algunas de estas políticas

1. Apertura Comercial y Acuerdos de Libre Comercio:

- **Tratado de Libre Comercio de América del Norte (TLCAN):** Firmado en 1994, este acuerdo con Estados Unidos y Canadá fue un hito importante en la integración de México en la economía global. En 2020, se modernizó y se convirtió en el Tratado entre México, Estados Unidos y Canadá (T-MEC).
- **Otros acuerdos comerciales:** México ha firmado numerosos tratados de libre comercio con otras regiones y países, como la Unión Europea, Japón y países de América Latina, lo que ha diversificado los mercados de exportación y las fuentes de inversión extranjera.

2. **Reformas Estructurales:**
   - **Energía:** En 2013, se implementaron reformas en el sector energético que permitieron la apertura del sector a la inversión privada. Esto ha impulsado el desarrollo de la industria energética y ha contribuido a la diversificación de la economía.
   - **Telecomunicaciones:** En 2013, se llevó a cabo una reforma en el sector de telecomunicaciones que buscó aumentar la competencia y mejorar la calidad y el acceso a servicios de telecomunicaciones. Se creó el Instituto Federal de Telecomunicaciones (IFT) como regulador autónomo del sector.
   - **Laboral:** En 2012, se implementó una reforma laboral que buscó modernizar las leyes laborales

y promover la formalización del empleo. La reforma incluyó cambios en la contratación y la resolución de conflictos laborales.

3. **Política Monetaria y Fiscal:**
   - **Estabilidad macroeconómica:** El Banco de México ha implementado una política monetaria orientada a mantener la estabilidad de precios y el control de la inflación. Además, se han llevado a cabo políticas fiscales prudentes para mantener la sostenibilidad de la deuda pública.
   - **Incentivos fiscales:** Se han implementado incentivos fiscales para atraer inversión extranjera directa, especialmente en sectores estratégicos como la manufactura, la energía y la tecnología.

4. **Promoción de la Innovación y el Emprendimiento:**
   - **Fomento a la investigación y el desarrollo:** Se han establecido incentivos fiscales y programas de apoyo para promover la investigación y el desarrollo (I+D) en empresas y universidades.
   - **Apoyo a emprendedores:** Se han implementado programas de apoyo y financiamiento para emprendedores y pequeñas empresas, con el objetivo de fomentar la innovación y la creación de empleo.

5. **Inversión en Infraestructura:**
   - Se han llevado a cabo inversiones en infraestructura para mejorar la conectividad y la competitividad de México, especialmente en

sectores como el transporte, la energía y las telecomunicaciones.

6. **Políticas para la Diversificación Económica:**
   - Se han desarrollado estrategias para diversificar la economía mexicana y disminuir la dependencia de ciertos sectores. Esto incluye la promoción de industrias de alto valor agregado, como la tecnología y los servicios financieros.

En resumen, México ha implementado una serie de políticas económicas orientadas al desarrollo y la competitividad durante las últimas cuatro décadas. Estas políticas han contribuido a la integración de México en la economía global y al impulso de sectores estratégicos. Sin embargo, aún persisten desafíos en términos de desigualdad regional, educación y capital humano, y estabilidad institucional, que requieren atención continua para lograr un crecimiento económico sostenible y equitativo.

Estudio de los esfuerzos para promover la inversión, la innovación y el crecimiento económico sostenible

En las últimas décadas, México ha realizado diversos esfuerzos para promover la inversión, la innovación y el crecimiento económico sostenible. A continuación, se presenta un estudio de estos esfuerzos:

Promoción de la Inversión:

1. **Incentivos Fiscales y Regulatorios:**
    *   **Incentivos Fiscales:** México ha implementado incentivos fiscales para atraer inversión extranjera directa (IED) y fomentar la inversión nacional en sectores estratégicos como la manufactura, la energía y la tecnología. Estos incentivos pueden incluir exenciones fiscales, deducciones y tasas preferenciales.
    *   **Simplificación de Trámites:** Se han implementado reformas para simplificar los trámites administrativos y reducir la burocracia, lo que facilita la inversión y la creación de empresas.
2. **Zonas Económicas Especiales (ZEE):**
    *   Aunque este programa se suspendió, las ZEE se establecieron con el objetivo de atraer inversiones a regiones específicas con potencial de desarrollo económico. Ofrecían incentivos fiscales y ventajas logísticas para empresas que se instalaran en estas zonas.
3. **Tratados de Libre Comercio:**
    *   La firma de acuerdos de libre comercio, como el Tratado entre México, Estados Unidos y Canadá (T-MEC) y tratados con otros países y bloques económicos, ha fomentado la inversión extranjera y la integración de México en la economía global.

Fomento de la Innovación:

1. **Inversión en Investigación y Desarrollo (I+D):**
   - **Incentivos para I+D:** México ha implementado incentivos fiscales para fomentar la inversión en investigación y desarrollo. Estos incentivos buscan promover la innovación en empresas y universidades.
   - **Programas de Apoyo:** Se han creado programas de apoyo para proyectos de I+D en sectores estratégicos, así como para la colaboración entre empresas y centros de investigación.
2. **Promoción de Sectores de Alta Tecnología:**
   - Se han desarrollado políticas para fomentar la innovación en sectores de alta tecnología, como la biotecnología, la tecnología de la información y la electrónica. Esto incluye la creación de clústeres tecnológicos y parques de innovación.

Crecimiento Económico Sostenible:

1. **Energías Renovables:**
   - **Promoción de Energías Limpias:** México ha impulsado la transición hacia energías renovables, como la solar y la eólica, a través de incentivos fiscales, subastas de energía y regulaciones que fomentan la generación de electricidad limpia.
   - **Políticas de Cambio Climático:** México ha implementado políticas para reducir las emisiones de gases de efecto invernadero y promover

prácticas sostenibles en sectores como el transporte y la agricultura.

2. **Desarrollo Sostenible:**
   - **Programas de Desarrollo Rural:** Se han implementado programas para promover el desarrollo sostenible en áreas rurales, incluyendo el fomento de la agricultura sostenible, la conservación de recursos naturales y la promoción de proyectos ecoturísticos.

   -

   - **Infraestructura Sostenible:** Se ha invertido en infraestructura sostenible, como el transporte público eficiente, la mejora de carreteras y la construcción de infraestructura de agua y saneamiento.

3. **Educación y Capital Humano:**
   - **Capacitación Laboral:** Se han implementado programas de capacitación laboral para mejorar las habilidades de la fuerza laboral y adaptarla a las demandas de una economía en constante cambio.
   - **Promoción de la Educación Superior:** Se ha fomentado el acceso a la educación superior y la colaboración entre universidades y empresas para impulsar la innovación y el desarrollo de capital humano calificado.

Conclusiones:

México ha realizado esfuerzos significativos para promover la inversión, la innovación y el crecimiento económico sostenible a través de políticas y programas en diversas áreas. Aunque se han logrado avances, aún persisten desafíos en términos de estabilidad regulatoria, seguridad jurídica y desigualdad regional que requieren atención continua para alcanzar un desarrollo económico más equitativo y sostenible.

Evaluación de los desafíos en materia de desarrollo regional y equidad económica.

La evaluación de los desafíos en materia de desarrollo regional y equidad económica en México implica considerar las disparidades entre diferentes regiones y grupos socioeconómicos, así como las políticas y acciones necesarias para abordarlas. A continuación, se presenta una evaluación general de estos desafíos:

Desafíos en Desarrollo Regional:

1. **Desigualdades Regionales:**
   - **Disparidades en Desarrollo:** Existen importantes desigualdades en el desarrollo entre distintas regiones de México. Mientras que el norte y el centro del país han experimentado un desarrollo

económico significativo, el sur y algunas áreas rurales enfrentan mayores desafíos, como la falta de infraestructura y oportunidades económicas.
- **Inversión Desigual:** La inversión en infraestructura y servicios públicos es desigual entre las regiones. Las áreas urbanas y más desarrolladas reciben más inversión, mientras que las regiones rurales y marginadas reciben menos atención.

2. **Falta de Diversificación Económica:**
- Algunas regiones dependen en exceso de ciertos sectores económicos, como el petróleo en el sureste o la agricultura en áreas rurales. Esto las hace vulnerables a cambios en los precios de los commodities y limita su capacidad de diversificación.

3. **Acceso a Servicios Básicos:**
- Persiste una brecha en el acceso a servicios básicos como salud, educación, agua potable y saneamiento entre diferentes regiones. Esto impacta negativamente en la calidad de vida de la población en áreas marginadas.

Desafíos en Equidad Económica:

1. **Desigualdad de Ingresos:**
- **Brecha entre Ricos y Pobres:** México es uno de los países con mayor desigualdad de ingresos en América Latina. La brecha entre los ingresos de los

grupos más ricos y los más pobres sigue siendo significativa.

- **Desigualdad Salarial:** Existen disparidades salariales considerables entre distintos sectores económicos y regiones. Los salarios más altos se concentran en sectores como la tecnología y las finanzas, mientras que los trabajos en la economía informal suelen ser de bajos salarios.

2. **Acceso a Oportunidades de Empleo:**
   - **Mercado Laboral:** Las oportunidades de empleo y la calidad del trabajo varían según la región. El mercado laboral en áreas rurales y marginadas es más precario y tiene una mayor proporción de trabajadores informales.
   - **Movilidad Social:** La desigualdad económica también se refleja en la falta de movilidad social. Los individuos de bajos ingresos enfrentan barreras para acceder a una educación de calidad y a oportunidades de empleo bien remuneradas.

3. **Políticas de Inclusión y Protección Social:**
   - Si bien se han implementado políticas sociales para abordar la desigualdad, como programas de transferencias monetarias condicionadas y pensiones, existen desafíos en su alcance y eficacia, especialmente en áreas rurales y marginadas.

Conclusiones:

Los desafíos en materia de desarrollo regional y equidad económica en México son significativos y persistentes. Para abordar estas desigualdades, es necesario implementar políticas integrales y sostenidas que fomenten la inversión en infraestructura y servicios básicos en las regiones más marginadas, promuevan la diversificación económica, mejoren el acceso a oportunidades educativas y laborales, y fortalezcan los programas de inclusión y protección social. Además, es importante garantizar la transparencia, la rendición de cuentas y la participación ciudadana en el diseño e implementación de políticas para lograr un desarrollo más equitativo y sostenible.

Capítulo 6: medio ambiente y desarrollo sostenible.

El medio ambiente y el desarrollo sostenible son aspectos fundamentales para el bienestar y la prosperidad de un país a largo plazo. En México, la relación entre estos dos conceptos ha evolucionado a lo largo de las últimas décadas. A continuación, se presenta un análisis de las políticas y programas relacionados con el medio ambiente y el desarrollo sostenible, así como los desafíos enfrentados por el país en estas áreas:

Políticas y Programas:

1. **Energías Renovables:**
    - **Promoción de Energías Limpias:** México ha impulsado la transición hacia energías renovables, como la solar y la eólica, a través de incentivos fiscales, subastas de energía y regulaciones que fomentan la generación de electricidad limpia.
    - **Objetivos de Energías Renovables:** México ha establecido metas para aumentar la proporción de energías renovables en su matriz energética, y ha trabajado en la modernización de su red eléctrica para facilitar la integración de fuentes limpias de energía.
2. **Protección de la Biodiversidad:**
    - **Conservación de Ecosistemas:** México cuenta con una gran diversidad biológica y ha establecido áreas naturales protegidas para

conservar ecosistemas clave. Además, ha ratificado acuerdos internacionales para proteger la biodiversidad, como el Convenio sobre la Diversidad Biológica.

- **Restauración Ambiental:** Se han implementado programas de restauración de ecosistemas degradados y reforestación para recuperar áreas afectadas por actividades humanas.

3. **Gestión del Agua y Saneamiento:**

- **Mejora en el Acceso:** Se han realizado inversiones para mejorar el acceso a agua potable y saneamiento, especialmente en áreas rurales y marginadas. También se han implementado políticas para la gestión sostenible de los recursos hídricos.

- **Conservación del Agua:** Se han promovido políticas para la conservación del agua, como programas de ahorro y uso eficiente, y la modernización de infraestructuras de riego.

4. **Políticas de Cambio Climático:**

- **Compromisos Internacionales:** México ha ratificado acuerdos internacionales sobre cambio climático, como el Acuerdo de París, y ha presentado planes para reducir sus emisiones de gases de efecto invernadero.

- **Estrategias de Adaptación:** El país ha elaborado estrategias de adaptación para hacer frente a los impactos del cambio climático, especialmente en áreas vulnerables como las zonas costeras.

5. **Educación y Conciencia Ambiental:**
   - **Programas de Educación Ambiental:** Se han implementado programas de educación ambiental en escuelas y comunidades para concienciar sobre la importancia de la conservación y el uso sostenible de los recursos naturales.

Desafíos:

1. **Deforestación y Degradación del Suelo:**
   - México enfrenta desafíos relacionados con la deforestación, la degradación del suelo y la pérdida de ecosistemas naturales. La agricultura extensiva, la tala ilegal y la urbanización no planificada son factores que contribuyen a estos problemas.
2. **Contaminación del Aire y del Agua:**
   - La contaminación del aire y del agua sigue siendo un problema en áreas urbanas e industriales, afectando la salud de la población y la calidad de los ecosistemas.
3. **Involucramiento de Comunidades Locales:**
   - A pesar de los esfuerzos para proteger el medio ambiente, es importante involucrar a las comunidades locales en la toma de decisiones y la implementación de políticas para garantizar el éxito y la sostenibilidad de las iniciativas.

4. **Inversión y Financiamiento:**

   - La inversión y el financiamiento en proyectos de desarrollo sostenible, como energías renovables y conservación ambiental, pueden ser insuficientes. La falta de recursos puede limitar la capacidad de México para alcanzar sus objetivos de desarrollo sostenible.

Conclusiones:

Si bien México ha logrado avances en la promoción del medio ambiente y el desarrollo sostenible, enfrenta desafíos importantes que requieren atención continua y un enfoque integral. El éxito a largo plazo dependerá de la capacidad del país para abordar estos desafíos y de su compromiso con el desarrollo sostenible, la conservación ambiental y la adaptación al cambio climático.

Análisis de las políticas ambientales implementadas en México en respuesta a los desafíos del cambio climático y la degradación ambiental

México ha implementado una serie de políticas ambientales para enfrentar los desafíos del cambio climático y la degradación ambiental. Aquí se presenta un análisis de estas políticas:

Respuesta a los Desafíos del Cambio Climático:

1. **Compromisos Internacionales:**
   - México ha ratificado acuerdos internacionales sobre cambio climático, como el Protocolo de Kioto y el Acuerdo de París. El país ha asumido compromisos para reducir sus emisiones de gases de efecto invernadero (GEI) y ha presentado contribuciones determinadas a nivel nacional (NDC, por sus siglas en inglés) con metas específicas de reducción de emisiones.
2. **Ley General de Cambio Climático (2012):**
   - Esta ley establece el marco legal para la mitigación y adaptación al cambio climático en México. Crea un sistema nacional de cambio climático y establece metas de reducción de emisiones a largo plazo.
3. **Programas de Mitigación y Adaptación:**
   - México ha desarrollado programas de mitigación y adaptación en sectores clave como energía, transporte, agricultura y gestión de recursos hídricos. Estos programas buscan reducir las emisiones de GEI y mejorar la resiliencia a los impactos del cambio climático.
4. **Incentivos para Energías Renovables:**
   - Se han implementado incentivos fiscales y políticas de apoyo para fomentar la generación de energía a partir de fuentes renovables, como solar y eólica. También se han llevado a cabo subastas

de energía para fomentar la inversión en estos sectores.

Respuesta a la Degradación Ambiental:

1. **Conservación de la Biodiversidad:**
   - México ha establecido áreas naturales protegidas (ANP) para conservar la biodiversidad y los ecosistemas clave. Además, ha ratificado acuerdos internacionales como el Convenio sobre la Diversidad Biológica y ha implementado planes de acción para proteger especies amenazadas.
2. **Gestión Sostenible de los Recursos Hídricos:**
   - Se han implementado políticas para la gestión sostenible del agua, incluyendo programas de ahorro y uso eficiente, modernización de infraestructuras de riego y protección de cuencas hidrográficas.
3. **Programas de Reforestación y Restauración Ambiental:**
   - Se han llevado a cabo programas de reforestación y restauración de ecosistemas degradados, especialmente en áreas forestales. Estos programas buscan recuperar la capacidad de los ecosistemas para brindar servicios ambientales y mitigar el cambio climático.

4. **Control de la Contaminación:**
   - México ha implementado regulaciones para controlar la contaminación del aire, agua y suelo. Esto incluye normas de emisiones para vehículos y la industria, así como programas de monitoreo y sanciones para infractores.

Desafíos Persistentes:

1. **Aplicación y Fiscalización:**
   - La aplicación y fiscalización efectiva de las políticas ambientales sigue siendo un desafío en México. La falta de recursos y capacidad institucional puede limitar la eficacia de las regulaciones.
2. **Desigualdad y Acceso a Servicios Ambientales:**
   - Persisten desigualdades en el acceso a servicios ambientales, como agua potable y saneamiento, especialmente en áreas rurales y marginadas.
3. **Involucramiento de Comunidades Locales:**
   - Es importante involucrar a las comunidades locales en la toma de decisiones y la implementación de políticas ambientales para garantizar su éxito y sostenibilidad.

En resumen, México ha implementado diversas políticas ambientales en respuesta a los desafíos del cambio climático y la degradación ambiental. Aunque se han logrado avances, persisten desafíos en términos de aplicación efectiva, inversión y participación comunitaria. Es necesario continuar fortaleciendo las políticas y esfuerzos para alcanzar un desarrollo más sostenible y equitativo en el país.

Evaluación de los programas de conservación y uso sostenible de recursos naturales

La evaluación de los programas de conservación y uso sostenible de recursos naturales en México implica analizar los resultados y desafíos de estos programas en términos de su impacto en la conservación de la biodiversidad, la gestión sostenible de los recursos naturales y el bienestar de las comunidades locales. A continuación, se presenta una evaluación general:

Resultados:

1. **Conservación de la Biodiversidad:**
   - **Áreas Naturales Protegidas (ANP):** México cuenta con una extensa red de áreas naturales protegidas que ha contribuido a la conservación de ecosistemas clave y especies amenazadas. Las ANP también brindan servicios ambientales esenciales, como la regulación del agua y el aire.
   - **Planes de Acción para Especies Amenazadas:** Se han implementado planes de acción para proteger especies en peligro de extinción,

incluyendo programas de reproducción en cautiverio y liberación de especies en su hábitat natural.

2. **Gestión Sostenible de Recursos Hídricos:**
   - **Programas de Gestión del Agua:** Se han desarrollado programas para la gestión sostenible de cuencas hidrográficas, el uso eficiente del agua y la modernización de infraestructuras de riego. Estos esfuerzos han contribuido a la conservación de los recursos hídricos y la mejora de su calidad.
3. **Reforestación y Restauración Ambiental:**
   - **Programas de Reforestación:** Se han llevado a cabo programas de reforestación en áreas deforestadas o degradadas. Estos programas ayudan a restaurar ecosistemas, aumentar la captura de carbono y proteger los suelos.
   - **Restauración de Ecosistemas:** Se han implementado proyectos de restauración de ecosistemas en áreas afectadas por actividades humanas, como la minería y la agricultura extensiva.
4. **Promoción de la Agricultura Sostenible:**
   - Se han implementado programas para promover prácticas agrícolas sostenibles, como la agroforestería, la agricultura de conservación y la reducción del uso de agroquímicos. Esto ayuda a proteger los suelos, el agua y la biodiversidad.

Desafíos:

1. **Financiamiento y Recursos:**
   - Los programas de conservación y uso sostenible a menudo enfrentan desafíos financieros y de recursos humanos, lo que puede limitar su alcance y eficacia.

2. **Participación de las Comunidades Locales:**
   - La participación de las comunidades locales en la implementación de programas de conservación es clave para su éxito. Sin embargo, pueden surgir conflictos entre las necesidades de las comunidades y los objetivos de conservación, especialmente en áreas donde las comunidades dependen de los recursos naturales para subsistir.

3. **Monitoreo y Evaluación:**
   - El monitoreo y evaluación de los programas de conservación y uso sostenible son esenciales para medir su impacto y eficacia. Sin embargo, puede haber limitaciones en la disponibilidad de datos y la capacidad técnica para realizar evaluaciones rigurosas.

4. **Corrupción e Ilegalidad:**
   - La corrupción y la ilegalidad, como la tala ilegal y la sobreexplotación de recursos naturales, pueden socavar los esfuerzos de conservación y gestión sostenible.

Conclusiones:

Los programas de conservación y uso sostenible de recursos naturales en México han logrado avances en la protección de la biodiversidad y la gestión de los recursos hídricos y forestales. Sin embargo, persisten desafíos relacionados con el financiamiento, la participación comunitaria, el monitoreo y la corrupción. Es importante fortalecer estos programas mediante la colaboración con comunidades locales, la inversión continua en recursos y tecnología, y el establecimiento de marcos legales y normativos efectivos para garantizar la sostenibilidad a largo plazo.

Identificación de los desafíos en la integración de consideraciones ambientales en las políticas públicas

La integración de consideraciones ambientales en las políticas públicas es fundamental para lograr un desarrollo sostenible y equitativo. Sin embargo, existen varios desafíos para lograr esta integración de manera efectiva en México. A continuación, se identifican algunos de los principales desafíos:

Desafíos en la Integración de Consideraciones Ambientales:

1. **Falta de Coordinación Interinstitucional:**
   - Las políticas ambientales suelen requerir la colaboración entre diferentes dependencias gubernamentales a nivel federal, estatal y municipal. La falta de coordinación efectiva entre estas entidades puede obstaculizar la implementación coherente de políticas ambientales.
2. **Capacidad Técnica e Institucional Limitada:**
   - Las instituciones encargadas de diseñar e implementar políticas ambientales a menudo enfrentan limitaciones en términos de capacidad técnica y recursos humanos. Esto puede dificultar la implementación eficaz de las políticas y la toma de decisiones basadas en evidencia científica.
3. **Presupuesto Insuficiente:**
   - Los programas y políticas ambientales requieren financiamiento adecuado para su implementación. A menudo, los presupuestos asignados son insuficientes para cumplir con los objetivos establecidos, lo que puede limitar su alcance e impacto.
4. **Falta de Monitoreo y Evaluación:**
   - El monitoreo y evaluación de las políticas ambientales son esenciales para medir su eficacia y ajustar estrategias según sea necesario. Sin

embargo, la falta de sistemas de monitoreo y evaluación sólidos puede dificultar la identificación de problemas y oportunidades de mejora.

5. **Resistencia al Cambio:**
   - Los cambios en las políticas públicas que incorporan consideraciones ambientales pueden encontrar resistencia por parte de grupos de interés establecidos o de la sociedad en general, especialmente si implican costos adicionales o cambios en prácticas tradicionales.

6. **Corrupción y Aplicación Inadecuada:**
   - La corrupción y la falta de aplicación efectiva de las leyes ambientales pueden socavar los esfuerzos para integrar consideraciones ambientales en las políticas públicas. Esto puede resultar en la explotación ilegal de recursos naturales y en el incumplimiento de normativas ambientales.

7. **Falta de Conciencia y Educación Ambiental:**
   - La falta de conciencia y educación ambiental en la sociedad puede limitar el apoyo y la participación ciudadana en la implementación de políticas ambientales. Es importante fomentar la conciencia sobre la importancia de la conservación y el uso sostenible de los recursos naturales.

8. **Desigualdad Socioeconómica:**

- Las políticas ambientales deben equilibrar la protección del medio ambiente con las necesidades socioeconómicas de la población, especialmente en áreas donde las comunidades dependen de los recursos naturales para su subsistencia.

Conclusiones:

Para integrar de manera efectiva consideraciones ambientales en las políticas públicas, es necesario abordar estos desafíos a través de estrategias integrales y coordinadas. Esto incluye fortalecer la capacidad institucional, aumentar la inversión en programas ambientales, fomentar la colaboración interinstitucional y promover la conciencia y participación ciudadana. Además, es fundamental establecer mecanismos efectivos de monitoreo y evaluación para garantizar que las políticas ambientales logren sus objetivos y se ajusten según sea necesario.

Capítulo 7: Seguridad y Justicia

La seguridad y la justicia son pilares fundamentales para el desarrollo sostenible y el bienestar de cualquier sociedad. En México, estos temas son particularmente relevantes debido a los desafíos persistentes en estas áreas. A continuación, se presenta un análisis de la situación actual y los esfuerzos realizados en materia de seguridad y justicia en el país:

Seguridad:

1. **Desafíos en Seguridad Pública:**
   - **Violencia y Delincuencia:** México enfrenta altos niveles de violencia y delincuencia, incluidos delitos relacionados con el narcotráfico, el secuestro y la extorsión. Esto afecta la seguridad de la población y la estabilidad social y económica.
   - **Debilitamiento del Estado de Derecho:** La falta de confianza en las instituciones y la percepción de impunidad son desafíos importantes para el Estado de Derecho en México.
2. **Políticas y Estrategias de Seguridad:**
   - **Estrategias de Combate a la Delincuencia Organizada:** México ha implementado estrategias de seguridad para combatir la delincuencia organizada, incluidas operaciones

contra cárteles de la droga y el fortalecimiento de las fuerzas de seguridad.

- **Programas de Prevención del Delito:** Se han desarrollado programas para prevenir la violencia y el delito, especialmente en comunidades vulnerables, mediante la promoción de la participación ciudadana y la educación.

3. **Coordinación Interinstitucional:**

- **Colaboración entre Niveles de Gobierno:** La coordinación entre los diferentes niveles de gobierno (federal, estatal y municipal) es esencial para abordar los desafíos de seguridad de manera efectiva.

Justicia:

1. **Desafíos en el Sistema de Justicia:**

- **Corrupción e Impunidad:** La corrupción y la impunidad son problemas persistentes en el sistema de justicia mexicano, lo que debilita la confianza en las instituciones y obstaculiza el acceso a la justicia.
- **Retraso Judicial:** El retraso en la resolución de casos y la falta de acceso a la justicia son desafíos importantes que afectan a la población.

2. **Reformas Judiciales:**

- **Sistema Acusatorio y Oral:** La implementación de un sistema de justicia penal acusatorio y oral busca mejorar la eficiencia y transparencia en los procesos judiciales.

- **Fortalecimiento de la Fiscalía General de la República (FGR):** Se han llevado a cabo esfuerzos para fortalecer la autonomía y capacidad de la FGR, con el fin de mejorar la investigación y persecución de delitos.

3. **Acceso a la Justicia:**

- **Servicios de Defensa Pública:** Se han implementado programas para mejorar el acceso a la defensa pública y los servicios legales para personas de bajos ingresos y grupos vulnerables.

- **Mecanismos Alternativos de Resolución de Conflictos:** La promoción de la mediación y la conciliación como alternativas a los procesos judiciales busca mejorar el acceso a la justicia y reducir la carga en el sistema judicial.

Conclusiones:

Si bien se han realizado esfuerzos para mejorar la seguridad y la justicia en México, persisten desafíos significativos en estas áreas. La lucha contra la corrupción, la impunidad y la violencia requiere un enfoque integral que involucre a todos los niveles de gobierno y a la sociedad civil. Además, es importante continuar fortaleciendo el sistema de justicia, garantizando el acceso equitativo a la justicia y promoviendo la transparencia y la rendición de cuentas en todas las instituciones.

Estudio de las políticas de seguridad y justicia implementadas para hacer frente a la violencia, el crimen organizado y la impunidad.

En México, la violencia, el crimen organizado y la impunidad han sido desafíos persistentes a lo largo de las últimas décadas. El país ha implementado diversas políticas de seguridad y justicia para hacer frente a estos problemas. A continuación, se presenta un estudio de estas políticas y su impacto:

Políticas de Seguridad:

1. **Combate al Crimen Organizado:**

   - **Estrategias Militares y Policiales:** Se han implementado operaciones y estrategias militares y policiales para combatir a los cárteles de la droga y otras organizaciones criminales. Estas estrategias han incluido enfrentamientos directos y arrestos de líderes criminales.

- **Colaboración Internacional:** México ha colaborado con otros países, especialmente Estados Unidos, para combatir el tráfico de drogas y el crimen organizado a nivel internacional.

2. **Prevención del Delito:**

- **Programas Comunitarios:** Se han desarrollado programas comunitarios para prevenir la violencia y el delito, especialmente en áreas vulnerables. Estos programas incluyen actividades educativas, culturales y deportivas para jóvenes, así como campañas de prevención de la violencia de género.

- **Fortalecimiento de la Policía Local:** Se han llevado a cabo esfuerzos para profesionalizar y fortalecer las fuerzas policiales locales a través de la capacitación y el equipamiento.

3. **Control de Armas:**

- Se han implementado políticas para controlar la importación ilegal de armas y reducir la disponibilidad de armas de fuego en el país, que son utilizadas por grupos criminales.

Políticas de Justicia:

1. **Reformas Judiciales:**

   - **Sistema Acusatorio y Oral:** La implementación de un sistema de justicia penal acusatorio y oral ha buscado mejorar la eficiencia y transparencia en los procesos judiciales, así como garantizar los derechos de los acusados.

   - **Modernización del Sistema Judicial:** Se han llevado a cabo esfuerzos para modernizar el sistema judicial, incluyendo la digitalización de procesos y la capacitación de jueces y abogados.

2. **Lucha contra la Impunidad y la Corrupción:**

   - **Fortalecimiento de la Fiscalía General de la República (FGR):**

     Se han realizado esfuerzos para fortalecer la autonomía y capacidad de la FGR, con el objetivo de mejorar la investigación y persecución de delitos.

   - **Sistema Nacional Anticorrupción:**

     Se ha establecido el Sistema Nacional Anticorrupción (SNA) para coordinar esfuerzos entre diferentes instituciones y niveles de gobierno en la lucha contra la corrupción.

3. **Acceso a la Justicia:**

   - **Servicios de Defensa Pública:**

     Se han implementado programas para mejorar el acceso a la defensa pública y los servicios legales para personas de bajos ingresos y grupos vulnerables.

   - **Mecanismos Alternativos de Resolución de Conflictos:**

     La promoción de la mediación y la conciliación como alternativas a los procesos judiciales busca mejorar el acceso a la justicia y reducir la carga en el sistema judicial.

Desafíos Persistentes:

1. **Violencia Persistente:** A pesar de los esfuerzos, la violencia y el crimen organizado siguen siendo problemas significativos en muchas regiones de México.

2. **Corrupción e Impunidad:** La corrupción y la impunidad en el sistema judicial siguen siendo desafíos importantes que dificultan la lucha contra el crimen organizado.

3. **Desigualdad Regional:**

Existen disparidades en la capacidad y eficacia de las instituciones de seguridad y justicia entre distintas regiones del país.

Conclusiones:

México ha implementado diversas políticas de seguridad y justicia para hacer frente a la violencia, el crimen organizado y la impunidad. Si bien se han logrado algunos avances, persisten desafíos significativos que requieren un enfoque integral y sostenido a largo plazo. Es fundamental continuar fortaleciendo las instituciones de seguridad y justicia, garantizando la transparencia y la rendición de cuentas, y promoviendo la participación ciudadana en la construcción de una sociedad más segura y justa.

Análisis de los programas de prevención del delito, fortalecimiento institucional y acceso a la justicia.

Los programas de prevención del delito, fortalecimiento institucional y acceso a la justicia son fundamentales para abordar los desafíos de la violencia, el crimen organizado y la impunidad en México. A continuación, se presenta un análisis de estos programas:

Programas de Prevención del Delito:

1. **Programas Comunitarios:**

   - **Prevención de la Violencia:**

     Se han implementado programas comunitarios orientados a prevenir la violencia y el delito en áreas vulnerables. Estos programas incluyen actividades educativas, culturales, deportivas y recreativas para jóvenes.

   - **Prevención de la Violencia de Género:**

     Se han desarrollado programas específicos para prevenir la violencia de género, incluyendo campañas de concienciación, refugios para víctimas y capacitación en temas de igualdad de género.

2. **Fortalecimiento Policial:**

   - **Capacitación y Profesionalización:** Se han llevado a cabo esfuerzos para capacitar y profesionalizar a las fuerzas policiales, con énfasis en el respeto a los derechos humanos y la rendición de cuentas.

- **Equipamiento y Tecnologías:**

  Se ha invertido en el equipamiento de las fuerzas policiales y en la adopción de tecnologías como cámaras de vigilancia y sistemas de información para mejorar la eficacia en la prevención del delito.

Fortalecimiento Institucional:

1. **Sistema Nacional de Seguridad Pública:**

   - **Coordinación Interinstitucional:**

     Se ha creado el Sistema Nacional de Seguridad Pública para coordinar esfuerzos entre diferentes niveles de gobierno y entidades de seguridad pública.

   - **Estrategias Integrales:** Se han desarrollado estrategias integrales de seguridad que involucran a distintas instituciones y actores de la sociedad para abordar de manera conjunta los problemas de seguridad.

2. **Fortalecimiento de la Fiscalía General de la República (FGR):**

- **Autonomía y Capacidad:** Se han llevado a cabo esfuerzos para fortalecer la autonomía y capacidad de la FGR, con el fin de mejorar la investigación y persecución de delitos.

- **Capacitación y Modernización:** Se ha invertido en la capacitación de los fiscales y en la modernización de los procesos y herramientas de la FGR.

Acceso a la Justicia:

1. **Servicios de Defensa Pública:**

- **Mejora en la Calidad de la Defensa:** Se han implementado programas para mejorar la calidad de los servicios de defensa pública y garantizar que las personas de bajos ingresos tengan acceso a una representación legal adecuada.

2. **Mecanismos Alternativos de Resolución de Conflictos:**

- **Mediación y Conciliación:** La promoción de la mediación y la conciliación como alternativas a los procesos judiciales busca mejorar el acceso a la justicia y reducir la carga en el sistema judicial.

3. **Fortalecimiento de la Justicia Local:**

   - **Apoyo a los Juzgados Locales:** Se han realizado esfuerzos para fortalecer los juzgados locales y mejorar su capacidad para resolver casos de manera oportuna y eficiente.

Desafíos Persistentes:

1. **Capacidad Institucional:** La capacidad técnica y los recursos de las instituciones de seguridad y justicia pueden ser limitados, lo que afecta la eficacia de los programas.

2. **Corrupción e Impunidad:** La corrupción y la impunidad en el sistema judicial y las fuerzas de seguridad siguen siendo desafíos significativos que socavan la confianza de la ciudadanía.

3. **Desigualdad en el Acceso a la Justicia:** Persisten desigualdades en el acceso a la justicia entre diferentes grupos socioeconómicos y regiones del país.

Conclusiones:

Los programas de prevención del delito, fortalecimiento institucional y acceso a la justicia son esenciales para abordar los desafíos de seguridad y justicia en México. Si bien se han logrado algunos avances, aún persisten desafíos importantes que requieren atención continua y esfuerzos coordinados entre los diferentes niveles de gobierno, instituciones y actores de la sociedad. Fortalecer la transparencia, la rendición de cuentas y la participación ciudadana es fundamental para garantizar el éxito de estos programas.

Evaluación de los desafíos en la construcción de un estado de derecho sólido y democrático.

La construcción de un Estado de derecho sólido y democrático es un proceso fundamental para garantizar la justicia, la igualdad y el respeto a los derechos humanos. En México, este proceso enfrenta una serie de desafíos persistentes que dificultan su consolidación. A continuación, se presenta una evaluación de estos desafíos:

Desafíos en la Construcción de un Estado de Derecho Sólido y Democrático:

1. **Corrupción:**

   - **Corrupción Institucional:** La corrupción en instituciones clave, como el sistema judicial, la policía y la administración pública, erosiona la confianza de la ciudadanía en el Estado de derecho y facilita la impunidad.

   - **Combate a la Corrupción:** Aunque se han implementado iniciativas y reformas para combatir la corrupción, su efectividad y alcance han sido limitados en algunas áreas.

2. **Impunidad:**

   - **Falta de Acceso a la Justicia:** La impunidad es un problema persistente en México. La falta de acceso a la justicia y la percepción de que los delitos quedan sin castigo debilitan el Estado de derecho.

- **Retraso Judicial:** Los retrasos en la resolución de casos judiciales y la falta de recursos pueden contribuir a la impunidad.

3. **Violencia e Inseguridad:**

   - **Crimen Organizado:** La presencia de crimen organizado y altos niveles de violencia en ciertas regiones afecta la capacidad del Estado para garantizar la seguridad y el cumplimiento de las leyes.

   - **Amenazas a la Integridad:** La violencia puede amenazar la integridad física de autoridades judiciales, fiscales y activistas de derechos humanos, dificultando su labor.

4. **Debilidad Institucional:**

   - **Capacidad Institucional:** Algunas instituciones encargadas de garantizar el Estado de derecho, como los tribunales y las fiscalías, enfrentan limitaciones en su capacidad técnica, administrativa y financiera.

- **Falta de Independencia:**

- La falta de independencia y autonomía de algunas instituciones, especialmente del poder judicial, puede limitar su capacidad para actuar de manera imparcial y efectiva.

5. **Desigualdad y Exclusión Social:**

- **Desigualdad Económica:** La desigualdad socioeconómica y las brechas en el acceso a servicios básicos afectan la capacidad de las personas para acceder a la justicia y hacer valer sus derechos.

- **Discriminación y Exclusión:** Grupos vulnerables, como indígenas, migrantes y personas con discapacidad, pueden enfrentar barreras adicionales para acceder a la justicia y a la protección de sus derechos.

6. **Desconfianza en las Instituciones:**

- **Pérdida de Confianza:**

- La desconfianza en las instituciones de seguridad y justicia puede llevar a una falta de cooperación ciudadana y a la pérdida de legitimidad del Estado de derecho.

Conclusiones:

La construcción de un Estado de derecho sólido y democrático en México enfrenta desafíos significativos relacionados con la corrupción, la impunidad, la violencia, la debilidad institucional, la desigualdad y la desconfianza ciudadana. Para abordar estos desafíos, es necesario implementar reformas integrales y sostenidas que fortalezcan las instituciones y garanticen la independencia y transparencia en la aplicación de la justicia. Además, es fundamental promover la participación ciudadana, la educación cívica y el respeto a los derechos humanos para consolidar un Estado de derecho inclusivo y democrático.

Capítulo 8: Perspectivas Futuras y Desafíos Pendientes

Las perspectivas futuras y los desafíos pendientes en México abarcan diversas áreas clave, incluyendo el desarrollo económico, la justicia, la seguridad y el respeto a los derechos humanos. A continuación, se presentan algunas perspectivas futuras y desafíos pendientes que el país enfrenta:

Perspectivas Futuras:

1. **Desarrollo Sostenible:**

   - México puede beneficiarse de continuar con la transición hacia energías renovables y prácticas sostenibles en sectores como la agricultura, la industria y el transporte. Esto puede abrir nuevas oportunidades económicas y ayudar a proteger el medio ambiente.

2. **Innovación y Tecnología:**

   - Fomentar la innovación y la adopción de nuevas tecnologías puede impulsar la competitividad de México a nivel global. Inversiones en investigación y desarrollo (I+D), así como la promoción de sectores de alta tecnología, pueden ser motores clave para el crecimiento económico.

3. **Fortalecimiento Institucional:**

- Continuar con las reformas que fortalezcan la autonomía y eficacia de las instituciones judiciales, de seguridad y de fiscalización puede ayudar a consolidar un Estado de derecho sólido y democrático.

4. **Inversión en Capital Humano:**
- Invertir en educación de calidad, capacitación laboral y salud puede mejorar el capital humano del país, generando beneficios a largo plazo para la economía y la sociedad.

5. **Integración Regional:**

- Fortalecer la integración económica y política con América del Norte y otros socios regionales puede crear oportunidades para la cooperación en materia de comercio, seguridad y desarrollo.

Desafíos Pendientes:

1. **Desigualdad Socioeconómica:**

- La persistente desigualdad económica y social sigue siendo un desafío importante. Reducir las brechas de ingresos y oportunidades requiere políticas integrales y sostenidas.

2. **Corrupción e Impunidad:**
   - La corrupción e impunidad en el sistema judicial y otras instituciones sigue siendo un problema significativo. Es necesario fortalecer los mecanismos de transparencia y rendición de cuentas.

3. **Inseguridad y Crimen Organizado:**

   - Los altos niveles de violencia y la presencia de crimen organizado siguen siendo desafíos persistentes que afectan a la sociedad y el Estado de derecho.

4. **Acceso a la Justicia:**

   - Mejorar el acceso a la justicia, especialmente para los grupos vulnerables y las personas de bajos ingresos, es esencial para garantizar la igualdad y el respeto a los derechos humanos.

5. **Cohesión Social:**
   - Fomentar la cohesión social a través de la promoción de la inclusión y el respeto a la diversidad puede contribuir a una sociedad más justa y equitativa.

6. **Resiliencia ante Desastres Naturales:**
   - México está expuesto a desastres naturales como terremotos, huracanes y sequías. Mejorar la

resiliencia y la capacidad de respuesta ante desastres es fundamental para proteger a la población y los recursos.

Conclusiones:

México tiene la oportunidad de abordar estos desafíos pendientes y avanzar hacia un futuro más próspero y equitativo. Para lograrlo, es necesario continuar con reformas integrales y sostenidas, promover la colaboración entre distintos niveles de gobierno y actores de la sociedad, y fortalecer los mecanismos de transparencia, rendición de cuentas y participación ciudadana. La construcción de una sociedad más justa, sostenible y segura es clave para el bienestar de México en el futuro.

Reflexión sobre los avances logrados y los desafíos pendientes en materia de políticas públicas en México.

En México, las políticas públicas han desempeñado un papel crucial en el avance de diversas áreas clave para el desarrollo del país. A lo largo de los años, se han logrado importantes avances en materia de salud, educación, economía, seguridad y medio ambiente. Sin embargo, persisten desafíos significativos que requieren atención continua y estrategias integrales para ser abordados. A continuación, se ofrece una reflexión sobre los avances logrados y los desafíos pendientes en materia de políticas públicas en México:

Avances Logrados:

1. **Reducción de la Pobreza Extrema:**

   - Los programas de transferencias monetarias condicionadas, como Progresa/Oportunidades/Prospera, han contribuido a la reducción de la pobreza extrema y han mejorado el acceso a servicios básicos como salud y educación.

2. **Mejoras en la Salud Pública:**

   - Se ha ampliado el acceso a servicios de salud a través de programas como el Seguro Popular (hasta 2018) y, más recientemente, el Instituto de Salud para el Bienestar (INSABI).

3. **Educación:**

   - Se ha logrado una mayor cobertura educativa, especialmente en niveles básicos, y se han implementado programas para mejorar la calidad de la educación.

4. **Promoción de la Innovación y la Competitividad:**

   - Se han llevado a cabo políticas para fomentar la investigación, el desarrollo y la adopción de tecnología, lo que ha impulsado la competitividad de algunos sectores clave.

5. **Apertura Comercial:**
   - La firma de tratados de libre comercio ha integrado a México en la economía global, aumentando las exportaciones y la inversión extranjera.

Desafíos Pendientes:

1. **Desigualdad Socioeconómica:**

   - La persistente desigualdad en la distribución de la riqueza y el acceso a oportunidades continúa siendo un desafío importante para México

2. **Corrupción e Impunidad:**

   - La corrupción y la impunidad en diversas instituciones afectan la confianza de la ciudadanía en el sistema y obstaculizan la eficacia de las políticas públicas.

3. **Inseguridad y Crimen Organizado:**

- Los altos niveles de violencia e inseguridad, especialmente relacionados con el crimen organizado, siguen siendo un problema importante que afecta a la sociedad y la economía.

4. **Acceso a la Justicia:**

- El acceso a la justicia, especialmente para grupos vulnerables, es un área donde se requiere más trabajo para garantizar la igualdad y el respeto a los derechos humanos.

5. **Protección del Medio Ambiente:**

- La degradación ambiental, la deforestación y los desafíos relacionados con el cambio climático requieren políticas sostenidas para proteger los recursos naturales y la salud de la población.

6. **Desigualdad Regional:**

- Existen disparidades regionales significativas en términos de desarrollo económico, acceso a servicios básicos y oportunidades laborales.

Reflexión Final:

Aunque se han logrado avances importantes en varias áreas, México enfrenta desafíos persistentes que requieren un enfoque integral y coordinado de políticas públicas. Es necesario fortalecer las instituciones, promover la transparencia y la rendición de cuentas, y garantizar la participación ciudadana en el diseño e implementación de políticas públicas. Además, es fundamental abordar la desigualdad socioeconómica y regional para construir una sociedad más justa, inclusiva y sostenible. El futuro de México depende de la capacidad del país para hacer frente a estos desafíos y consolidar los avances logrados en pro del bienestar de todos sus ciudadanos.

Identificación de tendencias emergentes y áreas prioritarias para la acción futura.

En México, identificar tendencias emergentes y áreas prioritarias para la acción futura es fundamental para enfrentar los desafíos actuales y promover un desarrollo sostenible e inclusivo. A continuación, se presentan algunas tendencias emergentes y áreas prioritarias que pueden guiar las acciones futuras en el país:

Tendencias Emergentes:

1. **Digitalización y Tecnologías de la Información:**

   - La digitalización está transformando la economía y la sociedad en México. Las tecnologías de la información y la comunicación (TIC) ofrecen oportunidades para mejorar la productividad, la educación y el acceso a servicios, pero también presentan desafíos relacionados con la brecha digital y la seguridad cibernética.

2. **Transición Energética:**

   - La transición hacia energías renovables y la diversificación de la matriz energética están en marcha. Esta tendencia puede reducir la dependencia de los combustibles fósiles y ayudar a combatir el cambio climático.

3. **Cambios Demográficos:**

   - La población de México está envejeciendo, lo que plantea desafíos para el sistema de pensiones y la atención médica. Además, la migración interna y externa continúa siendo una tendencia importante que afecta la composición y distribución de la población.

4. Conciencia Ambiental y Cambio Climático:

- La conciencia sobre la importancia de proteger el medio ambiente y combatir el cambio climático está aumentando. Esto se refleja en una mayor demanda de políticas sostenibles y prácticas de conservación.

Áreas Prioritarias para la Acción Futura:

1. Reducción de la Desigualdad Socioeconómica:

- La reducción de la desigualdad socioeconómica es una prioridad clave para promover la cohesión social y el desarrollo inclusivo. Esto incluye mejorar el acceso a servicios básicos, educación de calidad y oportunidades de empleo.

2. Fortalecimiento Institucional:
- Fortalecer las instituciones públicas, especialmente en áreas como la justicia, la seguridad y la lucha contra la corrupción, es esencial para garantizar un Estado de derecho

sólido y la confianza de la ciudadanía en el sistema.

3. **Innovación y Emprendimiento:**

- Fomentar la innovación y el emprendimiento puede impulsar el crecimiento económico y la competitividad. Esto implica promover la investigación y desarrollo (I+D), así como apoyar a las pequeñas y medianas empresas (PYMES).

4. **Transición hacia una Economía Sostenible:**

- Continuar con la transición hacia una economía sostenible implica promover energías renovables, prácticas agrícolas sostenibles y políticas de conservación ambiental.

5. **Acceso a la Justicia y Protección de Derechos Humanos:**

- Garantizar el acceso a la justicia para todos, especialmente para grupos vulnerables, es fundamental. Además, es importante proteger y promover los derechos humanos en todas las áreas de la sociedad.

6. **Inversión en Capital Humano:**

   - Invertir en educación y capacitación laboral de calidad puede mejorar el capital humano de México y prepararlo para los desafíos de una economía global en constante cambio.

7. **Resiliencia ante Desastres Naturales:**

   - México está expuesto a desastres naturales como terremotos, huracanes y sequías. Fortalecer la resiliencia y la capacidad de respuesta ante desastres es esencial para proteger a la población y los recursos.

Conclusiones:

Estas tendencias emergentes y áreas prioritarias para la acción futura pueden servir como guía para el diseño e implementación de políticas públicas en México. Al abordar estos temas de manera integral y coordinada, el país puede avanzar hacia un futuro más próspero, inclusivo y sostenible. Además, la participación ciudadana y la colaboración entre diferentes sectores de la sociedad serán clave para lograr estos objetivos.

Propuesta de recomendaciones para fortalecer y mejorar las políticas públicas en el país.

Fortalecer y mejorar las políticas públicas en México es esencial para abordar los desafíos actuales y promover un desarrollo sostenible e inclusivo. A continuación, se presentan algunas recomendaciones para lograr estos objetivos:

Recomendaciones para Fortalecer y Mejorar las Políticas Públicas:

1. **Fortalecer la Coordinación Interinstitucional:**

   - Mejorar la coordinación entre diferentes niveles de gobierno (federal, estatal y municipal) y entre diferentes instituciones públicas es clave para implementar políticas públicas de manera coherente y eficaz.

2. **Combatir la Corrupción y Promover la Transparencia:**

   - Fortalecer los mecanismos de control y rendición de cuentas, así como combatir la corrupción en todas sus formas, es esencial para aumentar la confianza de la ciudadanía en las instituciones y mejorar la eficacia de las políticas públicas.

3. **Promover la Participación Ciudadana:**

- Fomentar la participación ciudadana en el diseño e implementación de políticas públicas puede mejorar su pertinencia y efectividad. Involucrar a las comunidades locales y a los grupos vulnerables es fundamental para garantizar que las políticas respondan a sus necesidades.

4. Invertir en Capital Humano:

- Mejorar la calidad de la educación y la capacitación laboral es esencial para desarrollar el capital humano del país y prepararlo para los desafíos de una economía global en constante cambio.

5. Impulsar la Innovación y la Tecnología:

- Promover la investigación y el desarrollo (I+D) y apoyar la adopción de tecnologías innovadoras puede impulsar la competitividad de México y crear nuevas oportunidades económicas.

6. Fortalecer el Estado de Derecho:

- Garantizar la independencia y eficacia del sistema judicial, mejorar el acceso a la justicia y proteger los derechos humanos son fundamentales para fortalecer el Estado de derecho.

7. **Priorizar la Equidad y la Inclusión Social:**
   - Implementar políticas que reduzcan la desigualdad socioeconómica y promuevan la inclusión social puede mejorar la cohesión social y el bienestar de la población.

8. **Promover la Sostenibilidad Ambiental:**

   - Continuar con la transición hacia una economía sostenible, promover energías renovables y proteger los recursos naturales son esenciales para enfrentar los desafíos del cambio climático.

9. **Mejorar la Resiliencia ante Desastres Naturales:**
   - Invertir en infraestructura resistente a desastres, mejorar los sistemas de alerta temprana y fortalecer la capacidad de respuesta pueden ayudar a proteger a la población y los recursos.

10. **Fomentar la Descentralización:**

    - Transferir recursos y responsabilidades a los gobiernos locales puede mejorar la eficacia de las políticas públicas y su capacidad para responder a las necesidades específicas de las comunidades.

Conclusiones:

Implementar estas recomendaciones de manera integral y coordinada puede fortalecer y mejorar las políticas públicas en México. Al abordar los desafíos actuales y promover un desarrollo sostenible e inclusivo, el país puede avanzar hacia un futuro más próspero y equitativo. La colaboración entre los diferentes niveles de gobierno, las instituciones públicas y la sociedad civil será clave para lograr estos objetivos.

Conclusión.

En conclusión, México se enfrenta a una serie de desafíos significativos en diversas áreas clave, incluidos el desarrollo económico, la justicia, la seguridad, el medio ambiente y la inclusión social. A pesar de los avances logrados en algunas de estas áreas, persisten obstáculos relacionados con la desigualdad, la corrupción, la violencia y la falta de acceso equitativo a servicios básicos y oportunidades.

Fortalecer y mejorar las políticas públicas en el país es esencial para abordar estos desafíos y promover un desarrollo sostenible e inclusivo. Algunas recomendaciones clave incluyen:

- Mejorar la coordinación interinstitucional y la transparencia.
- Combatir la corrupción e impunidad.

- Promover la participación ciudadana y la descentralización.
- Invertir en educación, salud y capacitación laboral para fortalecer el capital humano.
- Impulsar la innovación y las energías renovables.
- Proteger el medio ambiente y combatir el cambio climático.
- Fortalecer el Estado de derecho y garantizar el acceso a la justicia.

Al aplicar estas recomendaciones de manera coordinada y con un enfoque integral, México puede avanzar hacia un futuro más próspero, equitativo y sostenible. La colaboración entre los diferentes niveles de gobierno, las instituciones y la sociedad civil será fundamental para lograr estos objetivos. Con un compromiso firme y sostenido, el país puede enfrentar con éxito los desafíos y construir un futuro mejor para todos sus ciudadanos.

Síntesis de los principales hallazgos y conclusiones del libro.

Hallazgos Principales:

1. **Contexto Político y Económico:**

   - Se ha observado una notable evolución en el contexto político y económico de México en las últimas cuatro décadas, marcado por períodos de crisis y recuperación, así como por reformas estructurales significativas.

2. Reformas Estructurales y Cambios Institucionales:

- Las reformas en áreas como educación, energía y telecomunicaciones han tenido impactos mixtos, mejorando algunos aspectos de la vida económica y social del país, pero también presentando desafíos en términos de implementación efectiva.

3. Avances en Educación y Desarrollo Humano:

- Se han logrado avances en la cobertura educativa y en el desarrollo humano, pero persisten brechas significativas en términos de calidad educativa y acceso a oportunidades equitativas.

4. Políticas Sociales y Reducción de la Pobreza

- Los programas de transferencias monetarias condicionadas han tenido un impacto positivo en la reducción de la pobreza extrema, aunque enfrentan desafíos en términos de sostenibilidad y eficacia.

5. **Desarrollo Económico y Competitividad:**

- México ha experimentado un aumento en la inversión y el crecimiento económico, pero todavía enfrenta desafíos relacionados con la equidad económica y el desarrollo regional desigual.

6. **Medio Ambiente y Desarrollo Sostenible:**

- Se han implementado políticas ambientales para responder a los desafíos del cambio climático y la degradación ambiental, pero persisten problemas en la integración de consideraciones ambientales en las políticas públicas.

7. **Seguridad y Justicia:**

- Los esfuerzos para hacer frente a la violencia, el crimen organizado y la impunidad han tenido un impacto limitado, y los desafíos continúan en términos de la construcción de un Estado de derecho sólido y democrático.

Conclusiones:

- **Progresos Significativos pero Incompletos:** Si bien se han logrado avances significativos en diversas áreas de políticas públicas, persisten desafíos en términos de eficacia, acceso equitativo y rendición de cuentas.

- **Necesidad de Acciones Integrales:** Las políticas públicas deben abordarse de manera integral, considerando las múltiples dimensiones de los problemas y promoviendo la colaboración entre instituciones y niveles de gobierno.

- **Tendencias Emergentes y Áreas Prioritarias:**

  Se identifican tendencias emergentes, como la digitalización y la transición energética, que requieren atención para asegurar un desarrollo sostenible y competitivo.

- **Recomendaciones para Fortalecer las Políticas Públicas:**

  Se hacen recomendaciones para fortalecer y mejorar las políticas públicas en México, como combatir la corrupción, mejorar el acceso a la justicia y promover la participación ciudadana.

En resumen, el libro destaca los avances logrados en las últimas cuatro décadas en México, pero también enfatiza la necesidad de seguir trabajando en áreas clave para consolidar un desarrollo más inclusivo, equitativo y sostenible.

Reflexión sobre la importancia de políticas públicas efectivas para el desarrollo y bienestar de México.

En conclusión, el libro "Del Pasado al Presente: Políticas Públicas en México Durante las Últimas Cuatro Décadas" ofrece un análisis integral de los avances y desafíos en diversas áreas clave para el desarrollo y bienestar de México. La obra subraya la importancia de las políticas públicas efectivas como herramienta fundamental para abordar los problemas más apremiantes del país y fomentar un desarrollo inclusivo y sostenible.

A través de su estudio, el libro destaca los siguientes puntos:

- **Reducción de la Pobreza y Desigualdad:**

  Políticas sociales bien diseñadas han contribuido a disminuir la pobreza extrema y mejorar el acceso a servicios básicos, pero persisten desafíos en términos de desigualdad y distribución equitativa de oportunidades.

- **Fortalecimiento Institucional y Estado de Derecho:**

- Un sistema judicial sólido y transparente, junto con la lucha contra la corrupción y la impunidad, es esencial para garantizar el Estado de derecho y la confianza ciudadana.

- **Crecimiento Económico Sostenible:**

  La promoción de la inversión, la innovación y la diversificación económica puede impulsar el crecimiento económico sostenible, generando oportunidades de empleo y bienestar.

- **Protección del Medio Ambiente:**

  Políticas ambientales orientadas a la conservación y uso sostenible de los recursos naturales son esenciales para enfrentar los desafíos del cambio climático y la degradación ambiental.

- **Seguridad y Justicia:**

  Las políticas de seguridad y justicia deben enfocarse en combatir la violencia y el crimen organizado, así como fortalecer el acceso a la justicia y la protección de los derechos humanos.

El libro resalta que, para lograr avances significativos en estas áreas, las políticas públicas deben ser inclusivas, basadas en evidencia, y deben contar con la participación activa de la ciudadanía. Además, es necesario garantizar la transparencia y la rendición de cuentas en todas las etapas del proceso político.

En definitiva, "Del Pasado al Presente": Políticas Públicas en México Durante las Últimas Cuatro Décadas" concluye que las políticas públicas efectivas son esenciales para promover el desarrollo y bienestar de México. A medida que el país avanza hacia el futuro, es crucial abordar los desafíos pendientes y consolidar los avances logrados para construir una sociedad más justa, equitativa y próspera.

Llamado a la acción para abordar los desafíos actuales y futuros en el ámbito de las políticas públicas.

El llamado a la acción para abordar los desafíos actuales y futuros en el ámbito de las políticas públicas en México debe ser claro, inclusivo y orientado a la colaboración entre distintos actores de la sociedad. A continuación, se presentan algunas recomendaciones que pueden guiar este llamado a la acción:

Llamado a la Acción:

1. **Fortalecer la Transparencia y Rendición de Cuentas:**

   - Los actores gubernamentales deben fortalecer los mecanismos de transparencia y rendición de cuentas en todas las instituciones públicas. Esto incluye la implementación de procesos de auditoría independientes, acceso a la información y sanciones efectivas contra la corrupción.

2. **Promover la Participación Ciudadana:**

   - Es esencial fomentar la participación activa de la ciudadanía en el diseño, implementación y evaluación de políticas públicas. Los mecanismos de consulta y colaboración pueden mejorar la pertinencia y eficacia de las políticas.

3. **Combatir la Corrupción:**

   - La lucha contra la corrupción debe ser una prioridad a todos los niveles de gobierno. Es importante adoptar medidas para identificar y sancionar actos de corrupción y fortalecer las instituciones encargadas de combatirla.

4. Fomentar la Equidad y Justicia Social:

- Las políticas públicas deben estar diseñadas para reducir la desigualdad y promover la inclusión social. Es necesario priorizar el acceso equitativo a servicios básicos como educación, salud y vivienda.

5. Impulsar la Innovación y Tecnología:

- Las políticas públicas deben apoyar la investigación, el desarrollo (I+D) y la adopción de tecnologías innovadoras para impulsar el crecimiento económico sostenible y mejorar la calidad de vida.

6. Proteger el Medio Ambiente:

- Las políticas deben abordar los desafíos relacionados con el cambio climático y la degradación ambiental. Esto incluye la promoción de energías renovables, la conservación de recursos naturales y la gestión sostenible de residuos.

7. **Fortalecer el Estado de Derecho:**

   - El Estado de derecho es fundamental para la seguridad y la justicia. Se deben fortalecer las instituciones judiciales y de seguridad, así como promover la independencia y eficacia de los tribunales.

8. **Inversión en Capital Humano:**

   - Invertir en educación de calidad, capacitación laboral y salud es clave para el desarrollo del capital humano del país. Esto puede generar oportunidades de empleo y mejorar el bienestar de la población.

9. **Desarrollar Resiliencia ante Desastres:**

   - Es importante fortalecer la resiliencia ante desastres naturales, mediante la inversión en infraestructura resistente y la implementación de sistemas de alerta temprana.

Conclusión:

El llamado a la acción es un compromiso para abordar los desafíos actuales y futuros en el ámbito de las políticas públicas en México. Requiere la colaboración de los diferentes niveles de gobierno, la sociedad civil, el sector privado y la ciudadanía en general. Al trabajar juntos y centrarse en soluciones integrales e inclusivas, México puede avanzar hacia un futuro más próspero, justo y sostenible para todos sus ciudadanos.

Apéndice: Casos de Estudio

l capítulo de "Casos de estudio" en un apéndice es una sección valiosa que permite analizar de manera más detallada situaciones específicas en las que se ha aplicado una política pública en México durante las últimas cuatro décadas. Estos casos de estudio pueden proporcionar ejemplos concretos de avances logrados, desafíos enfrentados y lecciones aprendidas en diversos ámbitos de políticas públicas.

Estructura Sugerida para el Apéndice de Casos de Estudio:

1. **Introducción:**

   - Breve descripción del propósito de incluir casos de estudio en el apéndice.
   - Justificación de la selección de los casos de estudio, explicando por qué son representativos o ilustrativos de los temas discutidos en el libro.

2. **Caso de Estudio 1:**

- **Descripción:**
  Proporciona un resumen del caso, incluyendo el contexto, la política pública aplicada y las circunstancias que rodean el caso.
- **Análisis:**

  Discute cómo se implementó la política pública, los actores involucrados y los resultados obtenidos.

- **Lecciones Aprendidas:**

  Identifica los éxitos y fracasos, los desafíos enfrentados y las lecciones aprendidas de la experiencia.

3. **Caso de Estudio 2:**

- **Descripción:**

  Proporciona un resumen del caso, incluyendo el contexto, la política pública aplicada y las circunstancias que rodean el caso.

- **Análisis:**

  Discute cómo se implementó la política pública, los actores involucrados y los resultados obtenidos.

- **Lecciones Aprendidas:**

  Identifica los éxitos y fracasos, los desafíos enfrentados y las lecciones aprendidas de la experiencia.

4. **Caso de Estudio 3:**

   - **Descripción:**

     Proporciona un resumen del caso, incluyendo el contexto, la política pública aplicada y las circunstancias que rodean el caso.

   - **Análisis:**

     Discute cómo se implementó la política pública, los actores involucrados y los resultados obtenidos.

   - **Lecciones Aprendidas:**

Identifica los éxitos y fracasos, los desafíos enfrentados y las lecciones aprendidas de la experiencia.

5. **Conclusión:**

- **Reflexión General:**

Discute las similitudes y diferencias entre los casos de estudio presentados, así como las lecciones que se pueden extraer de ellos.

- **Implicaciones para el Futuro:**

Explica cómo los casos de estudio pueden informar el diseño e implementación de políticas públicas en el futuro.

Consideraciones para la Selección de Casos de Estudio:

- **Relevancia:**

Los casos de estudio deben estar relacionados con los temas tratados en el libro y proporcionar ejemplos concretos de la aplicación de políticas públicas en México.

- **Diversidad:**

  Incluye casos de estudio de diferentes áreas geográficas, sectores y enfoques de políticas públicas para ofrecer una perspectiva amplia y variada.

- **Impacto:**

  Selecciona casos de estudio que tengan un impacto significativo en la sociedad o en los sectores específicos en los que se aplicaron.

El apéndice de casos de estudio puede servir como un complemento valioso para el libro, proporcionando ejemplos prácticos y concretos de los temas discutidos en el texto principal. Esto puede ayudar a ilustrar mejor los avances y desafíos en las políticas públicas en México y ofrecer ideas para su mejora continua.

Breves estudios de casos que ilustran la implementación y efectividad de diferentes políticas públicas en México durante las últimas cuatro décadas.

Caso de Estudio 1: Progresa/Oportunidades/Prospera

- **Descripción:**

  Progresa (iniciado en 1997), luego renombrado Oportunidades y más tarde Prospera, fue un programa de transferencias monetarias condicionadas que buscaba reducir la pobreza extrema y mejorar la educación y salud de las familias más vulnerables.

- **Implementación:**

El programa ofrecía transferencias monetarias a familias de bajos ingresos a cambio de que cumplieran con requisitos como enviar a sus hijos a la escuela y acudir a citas médicas.

- **Efectividad:**

Este programa tuvo un impacto positivo en la reducción de la pobreza extrema y en el aumento de la matrícula escolar y atención médica. Los estudios han demostrado mejoras significativas en la salud y educación de las familias beneficiadas.

- **Lecciones Aprendidas:**

La importancia de la transparencia y la rendición de cuentas en la distribución de recursos, así como la necesidad de un diseño cuidadoso para evitar dependencias a largo plazo.

Caso de Estudio 2: Reforma Energética de 2013

- **Descripción:**

La Reforma Energética de 2013 abrió el sector energético mexicano a la inversión privada y extranjera, permitiendo la exploración y explotación de hidrocarburos por parte de empresas privadas.

- **Implementación:**

La reforma estableció nuevas regulaciones y organismos de supervisión para facilitar la inversión en el sector energético.

- **Efectividad:**

La reforma atrajo inversiones significativas en los sectores de hidrocarburos y energía eléctrica, promoviendo la competitividad y diversificación energética.

- **Lecciones Aprendidas:**

La importancia de la estabilidad jurídica y el respeto a los contratos para atraer inversiones a largo plazo, así como la necesidad de equilibrar intereses nacionales y extranjeros.

Caso de Estudio 3: Políticas de Salud y el Seguro Popular

- **Descripción:**

  El Seguro Popular fue un programa de salud implementado en 2004 para proporcionar cobertura médica a la población sin seguridad social.

- **Implementación:**

  El programa ofrecía acceso a servicios médicos gratuitos o de bajo costo, financiados por el gobierno federal y estatal.

- **Efectividad:**

  El Seguro Popular aumentó significativamente el acceso a la atención médica en México, especialmente para personas de bajos ingresos.

- **Lecciones Aprendidas:**

  La importancia de la sostenibilidad financiera y la calidad en la prestación de servicios médicos, así como la necesidad de adaptar las políticas a las cambiantes demandas de salud.

Caso de Estudio 4: Reforma Laboral de 2012

- **Descripción:**

  La Reforma Laboral de 2012 buscó modernizar el mercado laboral mexicano, promoviendo la formalización del empleo y facilitando la contratación y despido de trabajadores.

- **Implementación:**

  La reforma introdujo cambios en la regulación laboral, incluyendo nuevas formas de contratación y procedimientos de resolución de conflictos.

- **Efectividad:**

  La reforma tuvo efectos mixtos, con algunos avances en la formalización del empleo, pero también enfrentando desafíos en su implementación y aceptación.

- **Lecciones Aprendidas:**

  La importancia de una comunicación efectiva y la consulta con los actores sociales para asegurar la aceptación de reformas laborales.

Estos casos de estudio ilustran cómo las políticas públicas en México han abordado diferentes desafíos y han tenido impactos variados en la sociedad. Para lograr una mayor eficacia en el futuro, es necesario aprender de estas experiencias y adaptar las políticas a las necesidades cambiantes del país.